Der Geist der spirituellen Erfahrung

Über Jesus und den Weg des Himmels

„Die Worte, die ich zu euch sage, habe ich nicht aus mir selbst.
Der Vater, der in mir wohnt, der tut seine Werke."
Johannes, 14,10

Der Geist der spirituellen Erfahrung

Über Jesus und den Weg des Himmels

ein spiritueller Erfahrungsbericht

Wolf E. Matzker

Autor: Wolf E. Matzker

Bild Cover vorne: Weg zum Hörnle, Oberbayern

Cover: Wolf E. Matzker, 2010, 2016
Herstellung und Verlag: BoD - Books on Demand,
Norderstedt
ISBN: 978-3-8423-4213-2

Jesus spricht: „Wer mir nahe ist, ist dem Feuer nahe.
Und wer mir fern ist, ist dem Königreich fern.“
Thomasevangelium, 82

„Jede göttliche Offenbarung zeigt sich ja als eine persönliche Erfahrung, die anderen mitgeteilt wird, und die religiösen Dogmen und Gesetze waren ursprünglich nur die je persönliche Auslegung und Anwendung einer solchen Erfahrung.

Wenn Offenbarung, Dogma, Gesetz und jegliche religiöse Autorität der Ausdruck einer persönlichen Erfahrung sind, dann können sie nur in dem Maße für andere glaubwürdig und verpflichtend sein, als ihr Anspruch in der persönlichen Erfahrung der Empfänger ein Echo findet und von diesem in eigener Erfahrung als gültig erlebt wird. Wenn der eine seiner persönlichen Erfahrung trauen darf, darf es auch der andere. Wenn ich in den Fragen des Glaubens schon auf persönliche Erfahrung verwiesen bin, dann ist die letztlich entscheidende Erfahrung meine eigene und nicht die eines anderen. Nicht dass die religiösen Erfahrungen der anderen für mich unwichtig wären! Ganz im Gegenteil! Die Erfahrungen der anderen regen meine eigenen an und korrigieren und bereichern sie.“ (Hellinger, Vom Himmel der krank macht und der Erde die heilt, S.19)

„Was wir darum heute wieder neu entdecken müssen, ist das breite Feld der religiösen, der **spirituellen Erfahrung**. *.... Es geht ja im christlichen Glauben nicht um die Bereitschaft, bestimmte Glaubenssätze für richtig zu halten, sondern um ein Erleben und Bekennen, ein Ahnen und Schauen und Hören und Verwirklichen dessen, was wir glauben.*

Die Bibel jedenfalls redet durch alle Schriften hin von **spirituellen Erfahrungen**. *Wir aber, die sich auf die Bibel berufen, tun so, als seien wir plötzlich unfähig, zu hören oder zu schauen, was über unsere Horizonte hinausgeht, und als wäre Gott stumm geworden. Wenn wir die geistliche Erfahrung ausgrenzen, dann kann der christliche Glaube zwar noch gelernt und ausgesagt werden, aber er lebt nicht mehr, und es geht kein Leben mehr von ihm aus. Die Bibel ist der „Geist Gottes“, die offene Stelle in der Welt, durch die Anderes und Fremdes zu uns Menschen kommt, er ist die Wahrheit, die uns erkennbar wird, er ist die Kraft, die uns erfasst und wandelt und die zu erfahren wir uns in die Wachheit und Achtsamkeit einüben müssen.“* (Zink, Jesus, S.342; Fettdruck von mir)

Inhaltsverzeichnis:

I. Die Befreiung von festgelegten Mustern

II. Spirituelle Erfahrungen in der Natur

I. Die Befreiung von festgelegten Mustern

1. Auf der Suche nach dem wahren Gesicht

Die Idee der Befreiung

Man müsste ihn befreien.

Man müsste ihn endlich befreien von all den Dogmatikern, den ach so klugen, gebildeten Leuten. Von den bürgerlichen Mitläufern und Jasagern, die immer nur mitlaufen und ja sagen, zu jedem System, zu jeder Zeit, seit Jahrhunderten, was sage ich, seit Jahrtausenden.

Nennt man ein Wort, haben alle sofort eine Schublade zur Hand. Sagt man Christus, eine Schublade, sagt man Buddha, eine Schublade. Sagt man Buddhismus, eine Schublade, sagt man Christentum, eine Schublade. Sie meinen alle immer, sie hätten das verstanden, wenn sie ihre Schublade öffnen. Ich weiß nicht, ob wir je von den Schubladen loskommen. Sicher nur, wenn Menschen eigene, individuelle Erfahrungen machen. Darauf hatte ich als Lehrer 27 Jahre Wert gelegt. Aber es war nicht erwünscht – es ist nicht erwünscht. Eigene, spirituelle Erfahrungen zu machen. Erfahrungen, für die es keine Erklärung, kein Raster gibt, weil sie jenseits davon sind, weil sie neu und ungewöhnlich sind.

Nur wird der Befreiungsversuch von Christus – oder ersetze ihn durch Buddha oder eine andere große Persönlichkeit – vermutlich wieder scheitern, wie schon so oft. Alles wird wieder beim Alten bleiben. Bei der alten Hierarchie, der alten Machtverteilung.

Und dann stellt sich ja die Frage, ob es überhaupt möglich ist, ihn zu befreien, in einer Zeit der Gewerbegebiete, der Einkaufszentren und der endlosen Lastwagenkolonnen auf den endlosen Autobahnen der Welt. Vielleicht gibt es für ihn so wenig einen Lebensraum wie für den Tiger, den Schneeleoparden und die frei herumziehenden Elefanten.

Dennoch dachte ich, dass man ihn befreien müsste. Vom Kreuz und dem immer wieder betonten Opfer, mit dem man letztendlich das Leid aller Leidenden festzementieren wollte und will, auch heute immer noch will, denn es soll nicht den freien Menschen geben, den befreiten Sohn oder die befreite Tochter des Göttlichen, sondern den funktionierenden Menschen, der sich selbst zum Bediener der Maschine degradieren lässt, dessen handwerkliches Können beim Mausklick endet.

Die Befreiung wäre die Überwindung eines falschen, einseitigen Bildes durch ein neues, komplexes, ganzheitliches Bild.

Nur, wer will das? Der Dogmatiker sitzt in seiner Burg aus Begriffen, ob im Dom oder im wissenschaftlichen Seminar, und er wird den frischen Wind ablehnen, weil der Wind seine alten Papier durcheinanderwirbeln wird. Der normale Bürger braucht sein geregeltes spirituelles Versicherungsmodell, inklusive Auferstehung gratis. Zu seinem Mietvertrag und seinen sonstigen Verträgen hat er noch seinen Vertrag mit dem *Herrn*. Der Esoteriker hat sein Spielchen mit irgendeiner Technik, mit der er möglichst Geld verdienen möchte, wobei es in einer kapitalistischen Gesellschaft immer das zentrale Thema ist und bleibt, Geld zu verdienen. Die Finanzzocker, Satans beste Söhne, spielen das Spiel bis zum Exzess, bis zum Untergang. Sie sind spielsüchtig. Aber sie tarnen ihre Sucht wie alle Süchtigen.

Dennoch, ich dachte, dass ich ihn befreien müsste, auch wenn es vermessen sein mag. Und andere vor mir schon so viel versucht haben, und es am Ende doch gescheitert ist, weil sich wieder die Sucht, die Gier nach Geld und Macht und die gigantische bürgerliche Trägheit und Passivität durchgesetzt haben.

Schon mit Franz von Assisi hätte eine Wende, eine Umkehr der Geschichte stattfinden müssen.

Oder mit Bonhoeffer, um ein Beispiel der jüngeren Geschichte zu nehmen. Aber da hat man sich auf seine guten Sprüche gestürzt – und seine radikale *Nachfolge* zur Seite geschoben, weil man die bürgerliche Welt des geordneten Geldverdienens nicht loslassen wollte. Man braucht ab und zu ein spirituelles Beruhigungsmittel, aber man will keine spirituelle Welt, denn damit lassen sich keine Geschäfte machen.

Und hier könnte die Geschichte schon wieder enden. So wie sie nach dem ersten Mord auch gleich hätte enden können – oder besser sollen, denn seitdem gibt es das Morden und das Lügen und Betrügen.

Die andere Seite des Meisters

Die anderen verstehen mich nicht, oder wollen es nicht, oder können es nicht. Sie teilen nicht den Traum einer spirituellen Welt und poetischen Wirklichkeit. Sie haben sich gut eingerichtet im gegenwärtigen System der modernen Konsumwelt, Vergnügungswelt, Geschäftswelt. Ich schwinge anders. Das Leid der Welt lässt mich nicht los. Und es ist nicht nur das menschliche Leid, das schon allein würde ja reichen, nein, es ist auch das Leiden der ganzen Natur.

Die anderen Leute sind wie eine Wand. Meine Feinfühligkeit ist bei ihnen nicht vorhanden. Sie hören nicht den Schrei des getöteten Baumes. Sie sehen nicht den toten Vogel am Straßenrand. Sie wollen das auch gar nicht. Sie spüren nicht, dass MUTTER ERDE unendlich leidet.

Ob ich Gedichte schreibe oder eine Analyse der Situation vornehme, immer ist sie da die Wand, wenn ich auf die anderen zugehen will. Sie wollen nicht an die Wahrheit erinnert werden von mir. Für sie bin ich wohl nur ein Spaß- und Spielverderber. Oder die andere Möglichkeit, wer etwas Ungewöhnliches empfindet, ist krank, pathologisch. Wer einen Baum schreien hört, kann nur pathologisch sein. Wer mit den Steinen redet, hat nichts zu suchen in einer Welt der Bulldozer und Sprengkommandos.

Das Muster ist alt, sehr alt, so alt wie die Menschheit, als der Riss entstand zwischen den Mördern auf der einen Seite, und den sensiblen Menschen auf der anderen Seite. Bis heute ist der Riss vorhanden, und er lässt sich wohl niemals überwinden. Wer das versucht, der wird ausgegrenzt, verlacht, gedemütigt, gegeißelt und am Ende ans Kreuz geschlagen. Das Kreuz war die brutalste Vernichtung und zeigte die Wahrheit des Systems, damals, und heute, denn heute gibt es andere Kreuzestode, mit denen man Menschen vernichten kann. Dazwischen, in all den vielen Jahrhunderten, gab es unzählige Scheiterhaufen, Galgen und Gaskammern.

Die Wand sind die anderen, die schreien und ihre Steine werfen. Man lese nur das Johannesevangelium und achte auf die entsprechenden Stellen. Wie oft sie Jesus steinigen wollten! Die Wand sind die anderen, die ignorieren, verharmlosen, klein reden, schön reden, rechtfertigen, legitimieren, die ihre klugen Bemerkungen machen, weil sie am Ende immer eine bestimmte Sensibilität nicht zulassen wollen, weil sie im Grunde den Feinfühligen hassen, der sie daran erinnert oder mahnt, dass sie Lügner sind, Betrüger und Mörder – und das ist ganz wörtlich zu nehmen. Sie morden und morden. Vom Bruder bis zur ganzen Erde.

Ich erreiche sie nicht. Ich habe sie nie wirklich erreicht. Weder früher als Lehrer noch heute als Künstler und schon gar nicht als Mystiker der Natur.

Mein Kreuz ist die Wand. Die Mauer zu den anderen. (Vielleicht hat das Marlen Haushofer schon alles gesagt in ihrem Roman DIE WAND, den ich vor vielen Jahren gelesen habe.)

Jesus Christus ist nicht der andere, er ist der Bruder, und er ist mehr, er ist der Meister. Es gibt viele Bilder. Es gibt den Gekreuzigten. Aber darüber hinaus gibt es weitere Bilder, positive und kraftvolle Bilder des Meisters, die ich suchen und finden möchte. Immer nur das Bild des Gekreuzigten ist einseitig, ist vor allem deshalb manipulativ, weil es die kraftvolle Seite nicht zeigt, nicht zeigen soll. Es enthält, zumindest teilweise, die heimliche Botschaft, wenn du nicht schön brav im System bist, dann landest du am Kreuz. Klar? Also: Verhalte dich angepasst und ordentlich und marschiere in der Kolonne mit, und halte vor allem den Mund.

Mich interessiert die kraftvolle Seite des Meisters, sie möchte ich entdecken.

Alle Wörter sind in unserer Sprache verhunzt. Das Wort Meister müsste ein sehr edles sein, nicht mit KFZ-Meister oder so verbunden werden. Jesus, der sicher ein inspirierender Guru war, wie sollen wir ihn heute nennen? Guru, den meisten muss man erst einmal erklären, welche Bedeutung Guru eigentlich hat, nämlich eine sehr positive, aufbauende; und dann sind die dümmlichen Vorurteile immer noch nicht verschwunden, sondern treiben weiter wie destruktive Parasiten ihr Unwesen. Es gibt kein unbelastetes Wort. Herr klingt nach Macht, Lehrer klingt nach Schule, Erziehung und Zertifikaten, und Führer geht schon gar nicht. Selbst das Wort heilig ist durch herumalbernde Leute verhunzt worden. Kein wirklich Heiliger nennt sich selbst heilig. Jesus Aussage, er sei der Sohn Gottes, war sicherlich keine Arroganz, sondern eine innere, spirituelle Gewissheit.

Also, ich bleibe bei Meister und ich sehe das sehr positiv, mindestens so wie Meister Eckhart.

Der Meister des Feuers

ich taufe nur mit Wasser
sagte Johannes aber er
wird euch taufen mit

Feuer und heiligem Geist
mit dem Geist des
brennenden Himmels

da muss schon mehr
geschehen im Kopf
und im Herzen als

nur zu sagen ja gut
ich denke ich glaube
ich mache mal mit

Trance und Ekstase
beim Tanzen und
Trommeln und Singen

dein Herz muss brennen
für die Weisheit und Weite
der ewigen Wandelwelt

die Schleier des Kopfes
müssen fortfliegen wie
bunte Drachen im Wind

Der Kreuzweg

„Du kannst es nicht billig bekommen; und alles, was billig ist, kann dir nicht helfen zu wachsen. Denn nur Leiden hilft: Die Anstrengung selbst, der Kampf selbst, der lange Weg – sie geben dir scharfe Konturen, Wachstum, Erfahrung, Reife. Wie könntest du durch eine Abkürzung Reife gewinnen?" (Osho, Die verbotene Wahrheit, S.49)

Osho kritisiert in seiner Deutung des Thomasevangeliums die Philosophie des oberflächlichen Tröstens, die Suche nach schnellen, einfachen Lösungen, ohne Leiden, ohne *Kreuzweg*.

Ich habe von dem Gedanken gesprochen, den Meister von falschen Festlegungen zu befreien. Damit meine ich nicht das Leiden auszuklammern. Im Gegenteil, nach meinen eigenen Erfahrungen ist das Leiden für das spirituelle Wachstum notwendig. Keine populäre Ansicht in einer Zeit der Wellness und der tausend Vergnügungen. Das Leiden als Weg, das Leben als Leidensweg – wer will das sehen oder akzeptieren?

In der heutigen Zeit würde kaum jemand auf die Idee kommen, einen neuen Kreuzweg zu gestalten. Außerdem wird er meist nur auf Jesus bezogen. Er ist einen Kreuzweg gegangen, wir müssen das also nicht mehr. Er hat schon alles für uns getan, wir müssen nichts mehr tun. Beruhigt können wir uns zurücklehnen und unsere Geschäfte machen, die uns ohnehin mehr interessieren. Die Menschen, die so denken, haben ihre billige Tröstung und blocken damit die spirituelle Entwicklung von vornherein ab.

Der traditionelle Kreuzweg hat die vierzehn Stationen.

1. Jesus wird zum Tode verurteilt
2. Jesus nimmt das Kreuz auf seine Schultern
3. Jesus fällt zum ersten Mal unter dem Kreuz
4. Jesus begegnet seiner Mutter
5. Simon von Cyrene hilft Jesus das Kreuz tragen
6. Veronika reicht Jesus das Schweißtuch

7. Jesus fällt zum zweiten Mal unter dem Kreuz
8. Jesus begegnet den weinenden Frauen
9. Jesus fällt zum dritten Mal unter dem Kreuz
10. Jesus wird seiner Kleider beraubt
11. Jesus wird ans Kreuz genagelt
12. Jesus stirbt am Kreuz
13. Jesus wird vom Kreuz abgenommen und in den Schoß seiner Mutter gelegt
14. Jesus wird ins Grab gelegt

Ein äußerst brutaler Weg. Als leidende Menschen haben wir oft unseren eigenen Kreuzweg. Wir können öffentliche, offizielle Kreuzwege besuchen, wie den Kreuzweg zum Kreuzberg (930 Meter) in der Rhön, oder den architektonisch schön gestalteten Kreuzweg zum Käppele in Würzburg, wo es für jede Station ein extra Häuschen mit einer Menschengruppe gibt, im Zentrum natürlich der leidende Jesus.

Aber unser eigener Leidensweg bleibt unser persönlicher Kreuzweg, ob nun mehr durch äußerliches oder innerliches Leiden. Ob allerdings hinterher, nach dem Tode, die höhere Ebene und Dimension, die Auferstehung und das Himmelreich erreicht werden wird, wissen wir während des Leidens noch nicht. Wir können aber, und wir müssen sogar, darauf vertrauen.

Auch von der Auferstehung gibt es billige Vorstellungen, nach dem Muster: Man stirbt irgendwann, ist eine Zeit tot, dann steht man wieder auf und macht den gleichen Unsinn wie bisher. Das Himmelreich ist kein Wellness-Tempel, wo es jeden Tag drei Büffets gibt und endlose Rückenmassagen. Irgendwie habe ich seit Jahrzehnten immer den Eindruck, dass die meisten, auch die meisten Autoren, nur billige Vorstellungen anzubieten haben. Anders bei Osho, wo ich sofort merke, dass er ein Erleuchteter war, der Jesus aus der Innensicht, von den eigenen Erfahrungen her erklärt, und nicht wie ein Professor, der zwar alle Deutungen schulmäßig verstanden hat, aber eben nur schulmäßig mit dem Verstand, mit seinem Rationalismus. Durch Oshos Werke weht der Heilige Geist. Wer etwas anderes sagt, der kennt eben nicht den Heiligen Geist, sondern wieder nur seine Buchstaben und Begriffe. Kluge Leute wollen das natürlich nicht hören. Sie werden immer kluge Abwehrargumente finden, immer. Das war schon bei den Leuten so, die Jesus abgelehnt und verurteilt haben, die am Ende für seinen Tod die

Verantwortung tragen – und es irgendwie bis heute nicht verstanden haben, und niemals verstehen werden, weil sie in ihren eigenen Begriffsschleifen gefangen sind. Sie kreuzigen ihn immer noch.

Das ewige Argumentieren ist so sinnlos wie der Krieg mit Waffen oder der permanente Wettbewerb der Wirtschaft. Ein Reich des Friedens wird so niemals entstehen, weil diese Spielformen von Gewalt geprägt sind, Gewalt gegen Menschen, gegen die Natur. Seit Jahrhunderten werden uns nur Formen der Brutalität aufgezwungen. Sollen sie mich ruhig einen Träumer oder Spinner nennen, egal, ich lehne ihre Systeme der Ausbeutung ab. Das auslaufende Öl im Golf von Mexico oder die cage-people in China – nur zwei Beispiele, die typisch für den Zustand der Erde (am 01.5.2010) sind. Sowohl mit der Natur als auch mit den Menschen wird rücksichtslos umgegangen.

Der Kreuzberg

Fakten: Der Kreuzberg, früher Aschberg, ist ein Berg in der Rhön, 927.8 Meter hoch. Auf dem Kreuzberg befinden sich ein großes Holzkreuz und ein Sendemast. Am westlichen Rand stehen drei Golgatha-Kreuze aus Stein. Am Nordwesthang entspringt der Fluss SINN. Am Fuss des Berges befinden sich ein Franziskaner Kloster und eine Wallfahrtskirche, und Gaststätten. Weitere Informationen und Fotos z.B. bei wikipedia.

Ein düsterer Berg, nicht nur bei regnerischem Wetter. Kein Ort des Lichts, eher des Todes. Aschberg war vielleicht passender. Aber Kreuzberg ist schon richtig, wenn ich an die leidenden, zerschlagenen Bäume links und rechts neben der langen Steintreppe denke, die hinauf zu den drei Golgatha-Kreuzen führt. Hatte das Gefühl, dass mich oben nur Tod und Elend erwarten und sonst nichts. Kein Licht, keine Erleuchtung, keine Überwindung, keine Transformation, nichts. Warum sie drei Kreuze aufgestellt haben, weiß ich nicht. Vielleicht wirkt das ganze Elend noch elender, vielleicht soll das Fürchterliche und Brutale noch deutlicher werden. Vielleicht sollte es krass realistisch sein. Aber führt der grobe Realismus zu Einsichten und geistigen Entfaltungen? Meiner Ansicht nach in diesem Fall nicht. Es bleibt beim stagnierenden Leiden.

Oben auf der Höhe steht dazu noch ein großes, schmales Holzkreuz. Und nicht weit davon entfernt ein noch höherer Sendemast. So streiten sich hier die Religion und die Technik. In der heutigen Zeit hat die Technik das Sagen, denn gesendet werden muss, egal was. Nach meinem Empfinden stören sich die drei Anlagen gegenseitig. Keine kann richtig wirken. Typisch für die gegenwärtige Chaoszeit.

Was soll das Ganze, frage ich mich? Was ist die Botschaft, vor allem die positive Botschaft, wenn es sie denn geben sollte?

Die Natur oben auf dem Berg leidet, kann sich nicht wirklich entfalten, ist gestört und verstört wie der spirituelle Besucher. Ein paar Fichten in der Nähe der Golgatha-Kreuze wirken noch relativ kraftvoll, aber von wirklicher Stärke kann keine Rede sein.

Spirituelle Reinigung und Gestaltung scheinen mir hier dringend geboten. Würde man allerdings der Behörde oder der Kirche etwas vorschlagen, begänne sofort das Geschrei. Eine komplette Renaturierung wäre für mich das Beste. Den ganzen menschlichen Kram wegräumen. Wer etwas Neues will, muss Altes auch mal ganz hinter sich lassen. Also, die drei Kreuze, weg damit, würde ich sagen. Das baut die Seele nicht auf. Das gibt keine Kraft, keine Perspektive, keine Neuorientierung. Das ist eher mysteriöser Totenkult. Ob die Nazis hier eine ihrer Totenkultstätten hatten, weiß ich nicht, ist mir auch egal, wundern würde es mich allerdings nicht. Der wichtigste Link ist vermutlich sowieso:
www.kreuzbergbier.de!

Sonderlich erbaulich ist die Wallfahrtskirche leider nicht. Und der dunkle Andachtsraum, der in den Berg hineingebaut worden ist, bleibt dunkel, trotz der vielen Kerzenlichter. Irgendwie scheint mir hier der Bezug zur spirituellen Dimension gestört. Blockiert. Vielleicht sollte ich erst ein Bier trinken?

Die Bäume wirken zerschlagen vom peitschenden Wind des Westens. Sie kämpfen verzweifelt ums Überleben. Licht und Harmonie scheinen in unendlicher Ferne. Sie drücken für mich das Elend des Berges aus.

Andacht

Jesus spricht: „Ich werde euch das geben, was kein Auge gesehen und was kein Ohr gehört hat und keine Hand berührt hat und was nicht in den menschlichen Sinn gekommen ist." (Thomasevangelium (Th) 17)

Nach Osho gibt es drei Arten von Mystikern. Den kopforientierten, den herzorientierten und den seinsorientierten. Der erste arbeitet mit Systemen, Theorien und Begriffen, der zweite mit den Gefühlen und feinen Sinnen. Der dritte lässt beides hinter sich und konzentriert sich auf das reine Sein. Nach Osho ist Jesus ein Mystiker des Seins. Er erschließt den Bereich jenseits von Logik und Liebe. Er erschließt den Bereich jenseits aller Orientierungen. Somit ist Jesus kein gelehrter Theologe wie Thomas von Aquin, und kein Herzensmystiker wie Franz von Assisi, sondern ein Mystiker des Jenseitigen. Dort entsteht die wahre Andacht, die kein theoretisches Konstrukt ist, kein Konzept, kein Bekenntnis in Worten und die auch kein schönes, tiefes Herzensgefühl ist. Das bedeutet natürlich nicht, dass Denken und Fühlen überflüssig oder gar schlecht sind, nur sind sie nicht das eigentlich Religiöse.

Alles zurücklassen, was nur irdisch ist, was nur materiell ist, was nur zu den Spielen gehört. Sich ganz dem Sein überlassen, dem universellen Himmel.

Welches Christusbild, welche Christusfigur erweckt die Andacht?

Vieles kann Andacht in uns wecken. Es kann eine Herz-Jesu-Figur sein. So habe ich in Bad Kissingen zwei entdeckt, in der Herz-Jesu-Kirche und in der Jacobuskirche, die eine sehr intensive, spirituelle Andachtsatmosphäre ausstrahlt. Beide Figuren haben ein Andachtsgefühl in mir entstehen lassen. Für den Unterschied habe ich allerdings keinen Begriff mehr. Es gibt auch keinen, kein Bild, keine Metapher.

Ein Andachtsgefühl entstand bei mir auch durch ein modernes Bild, nämlich das von Jacques Gassmann in der Johanneskrypta des Neumünsters in Würzburg, das über einem Grabchristus um 1700 hängt. Beides befindet sich zwar vor dem eigentlichen Andachtsraum der schweigenden Anbetung, wirkte auf mich jedoch sehr intensiv.

Ein weiteres Andachtsgefühl entstand durch eine überlebensgroße Herz-Jesu-Figur im Dom von Fulda. Sie steht nicht im Zentrum der Kirche, sondern auf der linken Seite vorm Altarraum, und es finden sich keine Kerzen wie vor der Schutzmantelmaria und der Heiligen Elisabeth.

Andacht entsteht, wenn wir etwas sehen und spüren, das größer, schöner, höher ist als wir selbst, vor dem wir Ehrfurcht haben und das ist weit mehr als Respekt oder Mitgefühl, denn dabei halten wir uns selbst immer noch für großartig und blicken vielleicht mit „Mitgefühl" auf den anderen herab. Bei der Andacht hingegen gibt es eine deutliche Differenz zwischen der menschlichen und der göttlichen Ebene. Wir sind keine Götter. Wir sind nicht mal Meister. Wir sind unvollkommene, „sündige" Wesen, die viel dummes Zeug auf der Erde gemacht haben und immer noch ständig machen; das ist die Wahrheit, der wir naturgemäß gerne ausweichen.

Andacht entsteht, wenn etwas für uns höher, größer, schöner, weiser und göttlich ist, wenn es eine deutliche Differenz zwischen uns selbst und der Ebene, auf der wir leben, und der göttlichen Dimension gibt, wenn wir gerade diesen Unterschied suchen, wollen und akzeptieren, weil wir wissen, dass wir klein und unvollkommen sind, weil wir auch gar nicht groß und wichtig und bedeutsam sein wollen wie die Menschen des Showbusiness, die alle mehr oder weniger in sich selbst verliebt sind, in ihre Position, in ihr Image.

Die Materialisten sind getrieben von ihren Süchten. Sie hassen den Andächtigen. Sie machen ihn lächerlich. Besonders die modernen Frauen, die nur um ihre Schönheit und ihren Sex kreisen und sich dauernd Gedanken um die Größe ihres Busens machen.

Jesus sagte: „ Ich fand sie alle betrunken. Ich fand keinen von ihnen durstig." (Th. 28)

Sie sind alle benommen, benebelt, hypnotisiert. Sie sind nicht wach und so können und wollen sie gar nicht andächtig sein. Sie können und wollen nicht über sich hinaus blicken. Sie torkeln und trudeln durch ihr Samsaraleben und purzeln am Ende in ihren Sarg oder ihre Urnen.

Das spirituelle Aufweckprogramm von Jesus ist oft gescheitert wie das von Osho. Sie wollen alle lieber weiterschlafen. Sich weiter in ihren Süchten suhlen, weiter ihr dekadentes Lotterleben führen, oder ihr scheinheiliges Spießbürgerleben, das sie dann noch für sauber und anständig halten, weil sie die Tatsachen verdrängen, dass die Tiere überall ausgerottet werden und die Kaffee- oder Kakaobauern für einen Hungerlohn arbeiten, aber die Reichen Milliardengewinne einstreichen.

Wer andächtig ist, sei es vor einer Christusfigur oder vor einem Buddha, vor einem Baum oder einem heiligen Berg, strebt eine höhere Dimension an, eine wirklich höhere Dimension, kein menschliches, emotionales Kick- und Kitzelprogramm.

Er möchte anders sein, anders werden.

Das wahre Gesicht

„Sie (= die vielen Gesichter im Leben) sind Täuschungsmanöver, Techniken der Selbstverteidigung, Panzer rings um dich her. Diese Gesichter müssen fallengelassen werden. Nur dann kannst du Jesus sehen, denn wenn du dein ursprüngliches Gesicht siehst, hast du Jesus gesehen. ..... Jesus ist nichts als dein ursprüngliches Gesicht." (Osho, VW S.116)

Von dieser Position aus sind die Versuche zu beweisen, dass das Turiner Grabtuch authentisch ist, geradezu lächerlich. Was hilft uns ein Grabtuch? Was hilft uns ein Bild auf einem Tuch aus Muschelseide, über das Paul Badde ein ganzes Buch geschrieben hat? Selbst wenn es ein Video von Jesus gäbe, würde es uns nicht weiterhelfen! Vermutlich würde es viel Streit auslösen, weil mindestens 50% der Leute wahnsinnig enttäuscht und frustriert wären, weil ihr Jesus nicht dem eigenen entspricht, denn es geht ihnen nichts über ihren Jesus, ihren ganz persönlichen. Selbst wenn es eine Videoaufzeichnung gäbe, würde es Streit geben. Um die Echtheit sowieso. Und natürlich um die Aussagen, ob sie denn nun tatsächlich echt seien oder nicht.

Das von Osho zitierte und gedeutete Thomasevangelium ist für die einen wahr, für die anderen nicht. Der Streit geht seit langer Zeit und er wird sicher weitergehen. Wer streiten will, der streitet. Wer herumargumentieren und diskutieren will, der macht es.

Das wahre Gesicht findet nur der, der aufhört mit dem Trinken, siehe oben, der also umkehrt, Schluss macht mit seiner Sucht oder seiner Benebelung, ganz egal, welches Benebelungsprogramm er verwenden mag, militaristisch, materialistisch, esoterisch, theologisch, konsumorientiert, profitorientiert, leistungsorientiert. Das Angebot ist unendlich, weil es in einer Theaterwelt, einer Täuschungswelt, einer Maya-Welt (gemeint ist der indische Begriff) eben unendlich viele Rollen gibt.

Hinabgestiegen in das Reich des Todes

War er wirklich tot? Diese Frage kann man sich stellen – und man wird sie doch nie objektiv beantworten können. Viele Jahre war ich davon ausgegangen, dass er nur scheinbar definitiv tot war, und aufgrund seiner Yogatechniken in der Lage war, aus dem Grab zu steigen, um dann nach einiger Zeit zurück in den Osten zu gehen, fort aus dem Land der Juden, wo man ihn nicht verstanden hatte, weil ihnen der Stamm und rigide Gesetze lieber waren als ein freier, universeller Geist.

Als ich mich näher mit der Passion und der ganzen Brutalität – man muss sich das einmal intensiv vorstellen – beschäftigte, war ich mir nicht mehr so sicher. Welcher menschliche Körper sollte das ertragen, selbst bei einem noch so starken Yoga-Geist? Also war er wohl doch definitiv und endgültig tot, und ist nur als Lichtwesen erschienen. Ein Lichtmensch, wie er im Thomasevangelium (24) erwähnt wird. Was ist dann mit dem geschundenen, geschlagenen Körper geschehen? Er hätte dann weiter im Grab liegen müssen.

Die mir aufgefallene Installation, wenn man sie so nennen kann, im Neumünster von Würzburg zeigt mir etwas anderes.

http://www.neumuenster-wuerzburg.de   Unter Johanneskrypta.

Sie zeigt einen in tiefer Trance liegenden Grabchristus. Darüber ein gekreuzigter Christus, der wie eine schamanische Höhlenfigur aus längst vergangenen Zeiten aussieht. Er hat sich ganz versunken in das Leid der Menschen, das Leid der Welt, von dem es endlich zu erlösen gilt, radikal und konsequent, nicht scheinbar oder scheinheilig, sondern wirklich, endgültig und für alle Zeit und in Ewigkeit. Der höchste und extremste Anspruch eines Menschen.

Eine bürgerliche Gesellschaft kann solch ein Anliegen nur auf ihr Niveau reduzieren. Tot ist tot. Punkt. Und eine einfach vorgestellte Auferstehung irgendwann für alle ohne eigenes Zutun ist eine wunderbare, einfache Hoffnung für jeden. Wie schön! Dann ist ja alles klar, Halleluja, wir werden alle auferstehen, Halleluja! Und man kann beruhigt mit seinen Spielen weitermachen, was die Menschen ja auch seit 2000 Jahren intensiv tun. Sie spielen ihre Kriegsspiele, ihre Geldspiele und besonders gern ihre Lustspiele. Sie spielen ihr ewiges Samsara-Spiel. Und für schwere Stunden haben sie ihre Versicherung: Alles wird gut, ich stehe ja wieder auf, unverändert an Körper und Geist, genauso dumm und dreist wie im Leben. Wie schön!

Dabei war das ganze Leben, das ganze Sein von Jesus ein intensiver Aufruf zur Umkehr, zur Wende, zur Veränderung, zur radikalen Veränderung, nicht ein bisschen hier oder da mal ändern, im übrigen aber so weiterwursteln wie bisher, nein, sich selbst radikal zu ändern. Kein Wunder, dass sie ihn zusammengeschlagen haben, die ach so klugen Leute, denn für sie war er eine einzige Provokation ihrer ordentlichen Gesetzeswelt. Kein Wunder, dass dann alles am Kreuz endete. Scheinbar, denn das Kreuz ist nur der Durchgang, das Tor. Dadurch, dass seit 2000 Jahren das Kreuz ganz in den Mittelpunkt gerückt wurde, wurde zumindest teilweise der Aspekt der Transformation, der Umwandlung in den Lichtmenschen unterdrückt. Normale Bürger sollen das ja auch nicht. Sie sollen funktionieren, für die Spiele der Milliardäre. Sie sind nur Schachfiguren, dumme Bauern für die wahren Herrscher der Welt. Das war vor 2000 Jahren so und ist es heute immer noch.

Aber jeder Mensch weiß in seiner Seele doch, dass sein Leben erbärmlich ist, wenn es nur um Spiele geht, um ein bisschen Kitzel hier und da, und er keinen Ausweg aus dem leeren, nichtigen Kreislauf findet.

„Wenn ihr euch nicht der Welt enthaltet, werdet ihr das Königreich nicht finden." (Th. 27)
Sie haben ihn immer missverstanden. Sie wollen immer ein irdisches Königreich. Ein Schloss mit einem riesigen Garten, eine 100 Millionen-Villa auf Mallorca, ein Weißes Haus oder einen ganzen Vatikan. Und der kleine

Bürger hat seinen Schrebergarten. Mit Kühlschrank für das Bier und einer tollen Grillanlage für die Feiern im Sommer. Halleluja!

Die radikalen Andersdenkenden haben immer den Tod auf dem Scheiterhaufen erlitten, egal wie der Scheiterhaufen ausgesehen haben mag. Er ist ja nur eine Metapher für den Märtyrertod, der in heutiger Zeit gänzlich unpopulär geworden ist. Vor Jahrhunderten war das anders. Aber heute? Vielleicht schätzt man Journalisten, die für freie Presse kämpfen und in Russland dafür ermordet werden, vielleicht. Aber eigentlich mag man keine Märtyrer. Sie sind so extrem, so radikal. Man möchte es lieber vernünftig und sachlich im Anzug mit Krawatte regeln. Kann man sich Jesus mit Anzug und Krawatte vorstellen? Was würde geschehen, wenn jemand so ein Bild malen würde? Würden sie sich provoziert fühlen – oder es nur als Gag abtun? Mich interessieren keine Gags, sondern das wahre Gesicht.

Authentisch sein

„Jesus sprach zu ihnen: Wenn ihr fastet, werdet ihr euch Sünde hervorbringen. Und wenn ihr betet, werdet ihr verurteilt werden. Und wenn ihr Almosen gebt, werdet ihr Schlechtes für euren Geist tun. Und wenn ihr in irgendein Land geht und wandert von Ort zu Ort, wenn sie euch aufnehmen, dann esst, was man euch vorsetzen wird. Denn was in euren Mund hineingehen wird, wird euch nicht beflecken. Vielmehr das, was aus eurem Mund herauskommt, das ist es, was euch beflecken wird.“ (Th.14)

Ich denke nicht, dass Jesus nur irritieren und provozieren wollte, sondern eine neue, andere Botschaft wollte er vermitteln. *Wer Ohren hat, der höre. Ich aber sage euch.* Zwei ganz typische Sätze, die immer wieder kommen. Zwei Sätze, die eine Abgrenzung vornehmen, die eine andere Sicht betonen.

Was ist heute aus der anderen Botschaft geworden? Sie mag noch da sein, sie ist sogar noch da, aber bei den meisten kommt nur eine Anpassungs- und Unterordnungsbotschaft an. Eine bürgerliche Gesetzesbotschaft. Eine Botschaft des wohlanständigen Verhaltens. Eine Botschaft der Konformität.

Osho deutet obiges Zitat im Sinne der Authentizität, eines echten, ehrlichen, edlen Lebens aus dem göttlichen Sein heraus. Das ganze Sein ist für ihn göttlicher Natur. Wie Jesus spricht er sich gegen Heuchelei und gesellschaftliches Getue aus. Fasten, Beten und Almosen geben, das kann alles nur Getue sein, wenn es nicht aus einem göttlichen Dasein heraus geschieht. Wer im göttlichen Sein lebt, braucht nicht zu fasten, denn er lebt in der Mitte, er braucht nicht zu beten, denn sein Leben ist Gebet, tägliche Feier des ganzen Seins. Almosen braucht er schon gar nicht zu geben, weil er alles für eine gerechte Gesellschaft tun wird. Er wird nicht Jahrhunderte davon faseln wie unsere Politiker, um zu kaschieren, dass es ihnen um eigene Einkünfte und Privilegien geht.

Das Fasten ist nicht falsch, nicht das Beten, nicht das Teilen – die Masken sind falsch. Die Charity-Shows sind falsch. Die TV-Sendungen wie *Ein Herz für Kinder* sind falsch. Das Herz für Kinder muss von jedem in einer humanen Gesellschaft gelebt werden. Das Teilen der Güter des Lebens muss der Normalfall sein. Die sogenannten **Tafeln** sind falsch. Wenn jeder Arbeit und Geld bekäme, bräuchte es keine **Tafeln** zu geben.

Aus dem Mund kann viel Unsinn herauskommen. Viel Gerede. Scheinheiliges Gerede. Kluges Gerede. Gebildete Begriffe wie *soziales Engagement und Zivilcourage*. Aber was nützt das alles, wenn kein richtiges Bewusstsein vorhanden ist, kein echtes spirituelles Sein?

Jesus ist kein Mensch eines Machtapparates gewesen, sondern ein Opfer. Man hat ihn ans Kreuz geschlagen. Nicht irgendwelche Idioten vor 2000 Jahren, nein, kluge Leute, gesetzestreue Leute, Spießbürger, Mitläufer, Jasager, wie es sie immer noch gibt, die immer noch das Gleiche tun, wenn ihre scheinheilige, geheuchelte Welt attackiert wird, die vor lauter Angst und Panik und Paranoia keine wahre Welt leben können, sondern hinter irgendwelchen Phantomen herjagen, dem großen Gewinn, dem großen Erfolg, dem angeblichen Fortschritt.

Schon merkwürdig, dass ein Opfer zur Legitimation eines Machtapparates geworden ist. Vielleicht kann so jeder Einzelne seine permanente Unterdrückung und Manipulation seines Daseins besser ertragen.

Osho war die spirituelle Botschaft des zwanzigsten Jahrhunderts. War die spirituelle Botschaft der Wende des Falschen hin zum echten, authentischen Leben mit der ganzen Natur. Verstanden haben viele das nicht. Lügensysteme sind hartnäckig, finden immer wieder neue Gründe und Erklärungen für ihr Lügensystem. Das gilt für Theologen, Wissenschaftler, Politiker, Künstler – es gilt für alle und die meisten haben sich ein Lügensystem zurecht gelegt: Belügen die anderen und vor allem sich selbst. Das gilt selbst für Menschen, die denken, das alles durchschaut zu haben, und von sich meinen, sie wären ganz authentisch, selbst für die Menschen gilt es. Das ist nicht lustig, ist keine Provokation von mir, sondern es ist eine ganz fürchterliche Tragik des menschlichen Bewusstseins, das sich irgendwie von den Parasiten nicht befreien kann, sondern von den Dämonen, den bösen Geistern der Macht und der Sucht beherrscht wird.

Ich kann mir sehr gut vorstellen, dass die oben zitierten Sätze die Juden zur Weißglut gebracht haben. Sie werden getobt und geschrien haben. Wo sie doch so viel Wert auf *koscheres* Essen gelegt haben. Wo sie doch so viel Wert auf ein anständiges Leben gelegt haben. Und da kommt so ein verrückter Wanderprediger daher, mit einer bunt zusammengewürfelten Schar von Anhängern!

Ich frage mich: Wo findet sich ein echtes Jesusbild? In welcher Kirche, auf welchem Gemälde, in welcher Skulptur?

Die Herz-Jesus-Figur im Dom von Fulda ist schön, edel, durchaus, aber sie ist leider auch falsch. Denn Jesus hatte kein deutsches Gesicht, keine deutsche Hautfarbe. Vor allem war er kein Imperator, kein gnädiger Kaisertypus in einer römischen Toga, so wenig wie er heute einen Nadelstreifenanzug mit passender Krawatte anziehen würde. Vielleicht würde er wie ein Taliban herumlaufen – und das würde jeden Rechtgläubigen sofort wütend machen, oder nicht. Gleich würde er schreien, allein das Wort Taliban würde ihn maßlos aufregen. Aber, und das ist meine Frage, was wäre ein echtes Bild? Jeans, Turnschuhe, vielleicht von Puma, und ein übergroßes T-Shirt mit der Aufschrift: I am not Jesus?

Jesus, der Yogi

Sobald normale Leute, normale Christen dies hören, Jesus, der Yogi, werden sie sofort mit Abwehr reagieren. Sie werden nicht nachfragen, sie werden kein Interesse zeigen, sie werden mit Aversion reagieren. Sie haben ihr indoktriniertes Kirchenbild im Kopf. Mit der Indoktrination haben sie die Ablehnung von anderen Bildern und Modellen gleich mitgeliefert bekommen, gleich mit implantiert und fest installiert.

Man glaube nicht, dass Erziehung heutzutage anders funktioniert als vor Jahrhunderten. Ich habe 27 Jahre als Lehrer gearbeitet – und die Indoktrination der meisten Kollegen erlebt. Sie begreifen gar nicht, dass sie indoktrinieren, weil sie völlig in ihrer rationalistischen, terminologischen Kopfwelt leben, dass sie sich Alternativen gar nicht vorstellen können. Für sie ist das „alternativlos" – ein Argument, was von den Herrschenden schon immer verwendet wurde. Ihr System und ihr Modell sind immer alternativlos, weil sie alternativlos sein sollen, weil ja nur ihr System als wahr und richtig angesehen werden soll. So ist es auch mit den Bildern von Jesus, von Buddha, von Osho und vielen anderen.

Wer hat sich schon ein eigenes Bild gemacht? Wer hat schon genügend Texte selbst gelesen? Wer hat schon eigene Erfahrungen gesucht, durch tiefe Gebete und/oder längere Meditationen?

Dass normale, einfache, ungebildete Leute nur nachplappern, was ihnen gesagt wird, ist ja noch verständlich, aber dass es bei gebildeten Leuten nicht anders ist, dass sie auch nur nachplappern, was ihnen irgendwelche Professoren mal als wissenschaftlich und objektiv verkauft haben, oder irgendwelche klugen Leuten, und sie dann ihr ganzes Leben lang, mehr oder weniger, bei diesen Sichtweisen stehen bleiben.

Warum diese Abwehr, diese Angst vor Erfahrungen im spirituellen Bereich? Warum diese Angst vor neuen Sichtweisen, neuen Dimensionen? Wenn ich vor zig Jahren meine Schüler mit der These konfrontierte, dass Jesus ein Yogi gewesen sei, dann empfanden sie das nur als bizarre Provokation. Von einem verrückten Lehrer wie mir war ja nichts anderes zu erwarten. Ernst musste man das nicht nehmen, denn die vernünftigen Lehrer stellten ja Gott sei Dank klar, was ernst zu nehmen war, und was eben nicht.
Spirituelle Erfahrungen sprengen das herkömmliche Weltbild.

Eigene, die bisherigen Grenzen überschreitende Erfahrungen können dazu führen, dass man anders leben will und es womöglich auch tatsächlich tut. Welches System kann und will das akzeptieren? Keines. So bleibt es an den

Schulen und in der ganzen Gesellschaft immer nur ein Gedankenspiel, die Nachfolge von Jesus, ein radikaler Bruch mit dem Bisherigen, mit dem eingefahrenen, festgefahrenem Leben. Man überlässt es vielleicht den spirituellen Spezialisten, den Mönchen und Nonnen, die können das ja machen, oder ein paar Verrückte. Der normale Bürger bleibt lieber bei seinem einfachen spirituellen Trost- und Beruhigungsprogramm. Ein bisschen Erbauung der Seele – gut, aber nicht mehr. Das gilt sowohl für die traditionellen Kirchen als auch für die allermeisten Pseudoalternativen, denn die wollen auch nur indoktrinieren und abkassieren. Das ist das Manipulationsprogramm: erst indoktrinieren, am besten mit der Angst vor dem Gefährlichen (Meditation wurde von meinen Kollegen immer als gefährlich eingestuft!), und dann abkassieren. Die ganze Zunft der esoterischen Spinner haben das als Hauptziel: Abkassieren – was sie natürlich hinter scheinbaren Verbesserungs- und Veränderungsmodellen verstecken. Auf Details und Beispiele muss ich hier gar nicht eingehen, denn wer echt ist, durchschaut das miese Spiel recht schnell.

Die Weisen können seit Jahrhunderten schreiben, was sie wollen, es ändert sich doch nichts. Die Macht- und Manipulationsspiele gehen weiter und weiter. Hätten mehr Menschen den Mut zu eigenen Wegen, dann könnte das geknackt werden. Aber das ist nicht zu erwarten.

Yoganandas Deutungen zu Jesus hätten ein große Wende bewirken müssen, und das schon vor sechzig Jahren. Aber Dogmen und Dummheiten sind hartnäckig. Die meisten kennen Yogananda nicht einmal, und wenn, dann landet er fix in der Schublade: Yoga. Schublade zu.

Oshos Deutungen hätten eine Wende bewirken müssen, aber Osho wurde lächerlich gemacht, vergiftet, ermordet und landete in der Schublade: Guru, gefährlich.

Schon Sokrates war gefährlich, und wurde bekanntlich umgebracht, wie jeder in der Schule lernt. Schön, aber lernen sie auch, dass es immer die Spießer sind, die ach so normalen, gesetzestreuen Leute, die Geistesgrößen diffamieren, ignorieren, umbringen oder ans Kreuz schlagen?

Die Wahrheit ist integral

Seit 2000 Jahren streiten sie sich um die sogenannte Wahrheit. Ist das Thomasevangelium ein wahres Evangelium oder nicht? Ist Jesus ein spiritueller Meister oder Gottes Sohn?

Wer vom Verstand her geprägt ist, sucht immer nach einer Eindeutigkeit, er kommt mit seiner aristotelischen Logik, von der Europa dominiert wird, und er will eine Entscheidung: Entweder Jesus ist ein spiritueller Meister, wie viele andere auch – oder er ist Gottes einziger Sohn. Diese Logik und das Absolutheitsdenken haben in meinen Augen nichts gebracht, weil sie das vielfältige Netz der Deutungen nicht erfassen. Sie erfassen einen Teil, mehr nicht, und den einen Teil verabsolutieren sie dann noch.

Für Gott ist alles wahr.

Dieser Satz mag manche irritieren oder provozieren. Warum ist für Gott alles wahr? Weil alles Teil eines großen, komplexen Ganzen ist. So einfach ist das im Grunde. Alles ist Teil eines komplexen, vernetzten Systems. Darin sind wir als Menschen nur ein ganz kleiner Teil. Für diese Tatsache brauchen wir nicht einmal eine Religion. Es beschreibt sachlich den Zustand des Universums. Dafür brauchen wir auch keine Wissenschaft, weil eine einfache Beobachtung der Natur bereits völlig ausreicht. Ohne Himmel keine Erde, ohne Wasser kein Feuer. Ohne Dunkelheit kein Licht, ohne Dummheit keine Weisheit.

Für Gott ist alles wahr.

Für Gott ist auch die Sünde wahr und richtig. Für Gott ist auch ein falscher Weg ein richtiger Weg zu ihm. Gott hat damit kein Problem, nur ein Verstandesmensch, weil er seine zwei Schubladen verwenden will: wahr und falsch, gut und böse, richtig und falsch. Aber so ist das Leben nicht, weder das materielle noch das spirituelle. Es sind immer nur verschiedene Ebenen und Perspektiven, die Teile des Ganzen sind.

Ein Verstandesmensch versucht immer mit seinem Kopf eine übersichtliche Klarheit in die Komplexität zu bekommen, indem er das eine oder andere ausgrenzt. Sein permanentes Scheitern seit der Zeit der griechischen Philosophen hält ihn nicht von diesem Versuch ab. Er macht munter weiter: entweder – oder. *Aristotelitis* nannte Osho diese Krankheit des Kopfes.

Wer wie der Mystiker alles in ein vernetztes Kreissystem integriert, hat kein Problem mehr. Alles hat seinen Stellenwert, seine Aufgabe, seine Bedeutung. Alles ist wahr.
Gott, der Heilige Geist, Maria und Jesus bilden eine spirituelle Einheit. Das eine impliziert das andere. Der Vater ist auch die Mutter, ist auch das Kind und ist auch die geistig-seelische Verbundenheit. Das Menschliche ist auch das Göttliche, das Göttliche ist auch das Menschliche. Von welcher Seite man das Ganze angeht, ist egal, solange man das andere mitdenkt und mitachtet.

Jesus als spiritueller Lehrer und Meister, als Rebell gegen ein rigides System, als Menschenfreund, als Heilender, als Bruder, als Gefährte von Magdalena, als Weltenretter, als Erlöser, als Schmerzensmann und als Märtyrer für eine heilige Mission ist ebenso eine Einheit. Manche wollen nur den Gottessohn, andere nur den Rebellen, manche nur den Heiler und andere sehen nur den Märtyrer. Aber alles zusammen gehört zur komplexen Person. Das universelle Ganze ist und bleibt komplex, das ist die Struktur des Universums – und Personen, die mit dem Ganzen schwingen, sind ebenso komplex. Sie spiegeln auf individueller Ebene die Vielschichtigkeit des Ganzen wider.

Die Abgrenzer und Ausgrenzer wollen natürlich ihre Grenzen ziehen. Und dann zerschneiden sie das Ganze, zerteilen, zerstückeln die Erde, zerstückeln, zerstören das Leben. Das war so, das ist so. Und wenn sie fanatisch werden, dann führen sie Kriege und Kreuzzüge, gegen Ungläubige, Andersdenkende und Antichristen, Häretiker und Hexen. Fatalerweise war das so und ist es heute immer noch, auch wenn die Methoden wenigstens teilweise ein wenig feiner geworden sind, ein wenig. Aber das Abgrenzungs- und Ausgrenzungsspiel ist immer noch sehr beliebt.

Ich bin nicht so mariengläubig wie du.

Mir ist das fremd.

Was machst du da eigentlich?

Es geht doch um Christus, nicht um Maria. Die bleibt doch sekundär.

Ich bin sehr vielen Abgrenzungen und Ausgrenzungen in meinem Leben begegnet. Und leider fast kaum Menschen mit einem integralen Ansatz. Diese Menschen werden wohl erst noch auf der Erde erscheinen. Aber wer weiß wann!

Gottes Sohn oder Lichtmensch

Darüber könnte man sich streiten. Einzigartiger, einziger, absolut einziger Sohn Gottes – so denken und meinen die einen. Ein Mensch der Weisheit, des Lichtes, ein Lichtmensch die anderen.

„Jesus spricht: Ich bin das Licht, das über allem ist. Ich bin das All. Aus mir ist das All hervorgegangen. Und zu mir ist das All gelangt. Spaltet ein Stück Holz – ich bin da. Hebt den Stein auf, und ihr werdet mich dort finden." (Th.77)

Wer eine Grenze ziehen möchte, der wird eine ziehen zwischen der Welt der Menschen und der Welt Gottes, der wird Jesus als einzigartigen Sohn Gottes sehen. Dann wird es eine unüberwindliche Differenz geben. Dann wird der Mensch weiter in seinem emotionalen, sozialen Chaos dahinwursteln, und das ist in der gegenwärtigen Zeit gigantisch geworden, wie man jeden Tag erfahren kann.

Im Sinne der integralen Wahrheit, also einer komplex-vernetzten Wirklichkeit umfassender Struktur sind beide Sichtweisen gleichzeitig in Ordnung. Wir müssen heute nicht mehr entscheiden: Johannesevangelium ja, Thomasevangelium nein. Wir können beide nehmen, wobei ohnehin das Johannesevangelium literarisch besser ist und bleibt.

Die beiden Deutungen Gottes Sohn und Lichtmensch sind auch im Johannesevangelium vorhanden. Problematisch wird es nur, wenn der Vertreter einer Sicht unbedingt recht haben will. An die erste Deutung muss man glauben, sie kann nicht bewiesen werden, sie ist jenseits unserer Erfahrungswelt, was für die zweite nicht gilt und die deshalb von vielen modernen Menschen bevorzugt wird. Eine höhere Ebene in der Wirklichkeit. Das kann dann auch der kluge Verstand noch verstehen. Das andere versteht nur der Adler, der über den Abgründen der Alltagsexistenz schwebt und in die Sonne schauen kann.

Dem Samsaramenschen, dem Aktionsmenschen, dem Wuselwesen ist das ohnehin egal, er wuselt in seiner niedrigen Mäusewelt herum und vermehrt sich hemmungslos und hamstert irgendwelche Güter in seiner Höhle, in seiner Bank, in seiner Bibliothek, in seinem Bunker. Dass Menschen, die intelligent sind und einen durchaus starken Verstand haben, so in einer Tretmühle herumrennen, das finde ich schon erstaunlich. Gestern rief mich W. an. Er durchschaut das alles bestens. Er kennt die ganze Philosophiegeschichte. Dennoch rennt er mit in diesem Rotationsrad. Er ist bei weitem nicht der Einzige.

Sind es die Angst und Ungewissheit, ob man ein Lichtmensch werden kann und ob es überhaupt einen Gott gibt? Sind sie hypnotisiert, wie mein Freund S., der immer noch ins Kino geht, der jeden Film kennt, und dennoch weiter seine pubertären Träume träumt vom großen Erfolg als Schauspieler, es aber nicht wahrhaben will, dass er gescheitert ist? Wiederholungszwang? Beschäftigungszwang?

Ein Lichtmensch zu werden ist, entgegen allen billigen Versprechungen vieler EsoterikLeute, keine leichte Sache. Es kann gelingen, muss es aber nicht. Es wird und ist nicht jeder ein Heiliger, auch wenn er grundsätzlich das Potential dazu haben mag. Die meisten Menschen sind davon so weit entfernt in ihrem elenden Leben, dass für sie nur die Anbetung eines Gottessohnes in Frage kommt. Sie können nur auf etwas Fernes, Transzendentes, Jenseitiges hoffen. Christus wird sie erlösen, irgendwann, irgendwie. Sie selbst sind und bleiben schwach, erbärmlich, gefangen. Das ist und bleibt eine Tatsache für die meisten Menschen, auch wenn sie diese durch Aktivität überdecken oder durch Phantasien kompensieren, das sie ja eigentlich ein Lichtmensch seien.

Ach, wir kriechen und krabbeln eher in der Dunkelheit herum und suchen den Ausgang. Und das ist alles andere als lustig. Man lese nochmals Platons Höhlengleichnis.

Wie die Kinder werden

Ein Heiliger, ein Weiser, wird in einem völlig anderen Sinn wie ein Kind. Er hat transzendiert, er ist über den Verstand hinausgegangen, weil er dessen Sinnlosigkeit verstanden hat. Er hat den ganzen Unsinn durchschaut, ein erfolgreicher Mensch in dieser Welt sein zu wollen – er hat dieses Verlangen nach Erfolg aufgegeben, dieses Verlangen, anderen zu imponieren; das Verlangen der Größte zu sein, der Wichtigste; das Verlangen, das Ego zu befriedigen. (Osho, VW, S.236)

Schön und gut, wird mancher denken, ich kenne die Zitate von Jesus, den Kindern und dem Reich Gottes, aber wie soll ich mein Geld verdienen? Wie soll ich in einer Leistungsgesellschaft bestehen? Dann wird er viele, gute Gründe nennen, warum das so nicht geht, warum das eigentlich überhaupt nicht geht, und in einer modernen, hochkomplexen Gesellschaft schon gar nicht.

Es ist immer wieder das Problem, wie erklärt man einen Zustand, der jenseits der normalen Erfahrungswelt liegt? Bilder und Gleichnisse sind einfach, heutzutage vielleicht naiv, simpel, können und werden leicht abgetan werden. Heute ist doch alles so kompliziert!

Menschen müssen erst einmal spüren, dass ihnen die Leistungsgesellschaft nicht guttut, dass die permanente Atmosphäre von Konflikten, Wettbewerb, Hass, Neid, Beweiszwängen, Eroberungsfeldzügen keine Harmonie und kein tiefes Miteinander schafft. Sie brauchen ein starkes, positives Modell, nicht nur einen vagen Traum oder eine emotionale Sehnsucht wie die Hippies vor Jahrzehnten, das reicht nicht aus. Sie brauchen eine starke Orientierung an einer höheren Instanz, jenseits aller menschlichen Unzulänglichkeiten, und das kann nur Gott sein, weil alles andere, wie Menschen (große Persönlichkeiten) und Methoden, doch wieder der menschlichen Unzulänglichkeit oder Manipulation unterworfen sein kann. Für diese Orientierung brauchen sie ein offenes Herz – und da beginnt das Defizit. Das Herz der meisten Menschen ist nicht offen. Das zeigt sich besonders an ihrem rücksichtslosen Verhalten gegenüber der Natur.

Ein offenes, liebendes Herz.

Aber machen wir uns nichts vor. Nicht jedes Kind hat das. Erziehung und Schule und Eltern beginnen sofort mit ihrem Abrichtungsprogramm. Also: Das gute, edle Kind ist nur eine Metapher für eine positive Seinshaltung, nicht mehr. Kinder können real so sein, aber viele sind es de facto nicht, und wenn sie mit einer destruktiven Karmalast ins Leben kommen, dann leben und handeln sie entsprechend, also destruktiv.

Ein offenes, liebendes Herz für die Spatzen. Jawohl, für die Spatzen, von denen es immer weniger gibt. Oder ein offenes Herz für die Akelei, die in einer Mauerritze wächst, dort, wo sie eigentlich nicht wachsen soll, aber wo sie nun einmal wächst.

Das Ölleck im Golf von Mexico ist eine Metapher, ein Zeichen für den gegenwärtigen Menschen auf der Erde. Für das destruktive *Menschenschwein*. Und ich meine, es hat keinen Sinn mehr, drum herumzureden: der Mensch ist ein *Dreckschwein*, und das im wahrsten Sinne des Wortes. Verstandesleute, die das als emotional abtun, haben nichts verstanden. Oder sie behaupten, davon nichts gewusst zu haben. Davon habe ich gar nichts gewusst! Das sagen sie immer. Sie haben alle nichts gewusst vom Dreckloch ASSE! Sie fühlen auch nichts, weil ihr Herz gar nicht vorhanden ist. Sie würden mit einer Festplatte ohnehin besser funktionieren im Sinne des technokratischen Systems.

Ein Kind im Sinne von Jesus hat ein zartes, offenes, weiches Herz. Davon kann bei den Kriegern, den Kaufleuten, den klugen Schriftgelehrten etc. keine Rede sein. Ein zartes, offenes Herz ist verletzlich, aber die brutalen Machtmenschen schlagen immer drauf und drein, wie der Bischof Mixa, der mir gegenwärtig ein ganz typisches Beispiel zu sein scheint von Heuchelei und Brutalität. Eine teuflische Mixtur, würde ich sagen.

Ein zartes, offenes Herz weint um einen toten Singvogel. Ein zartes, offenes Herz weint um eine herausgerissene und achtlos fortgeworfene Pflanze. Ein liebendes Herz kann in dieser Welt nur leiden.

Mein Albtraum

Letzte Nacht hatte ich wieder einen dieser Albträume von der Schule, die mich immer mal wieder heimsuchen. Es ging um eine Abiturprüfung, die ich nicht bestanden hatte, ich, der Lehrer, weil meine Deutungen des Textes falsch waren, weil sie nicht gewollt und erwünscht waren. Eine Diskussion darüber gab es nicht, eine Wiederholung der Prüfung schon gar nicht. Ich konnte nichts bewirken, ich konnte nur aufgeben.

Das ist nicht nur ein individuelles Muster, mein Muster, sondern eines, das sich durch die Geschichte hindurchzieht. Manche konnten sich gegen die Mächtigen, gegen die Väter, gegen die Patriarchen, die Bischöfe, die Kaiser und Könige, die Päpste, die Dalai Lamas durchsetzen. Scheinbar – oder sogar tatsächlich, was man sich in jedem einzelnen Fall genau ansehen müsste, um es beurteilen zu können.

Schiller, der kraftvolle Dichter Deutschlands mit seinen Ideen von Freiheit und Schönheit, hat er sich gegen die Mächtigen durchsetzen können? Viele würden sagen: Ja, denn wir haben keine Fürsten mehr. Nein, aber Banker und Spekulanten und Investoren, die genau so willkürlich agieren wie die Fürsten des achtzehnten Jahrhunderts.

Als Lehrer habe ich öfters Schiller behandelt. Don Carlos, das Drama über die Gedankenfreiheit – aber meine eigene als Lehrer wurde mir genommen durch das Zentralabitur und viele, immer neue Bestimmungen. Als ich Schillers Ideale mit denen Buddhas und Jesu verglich, gab es einen Aufstand der reaktionären Eltern. Das ging zu weit. Das war zu global gedacht, zu interdisziplinär. Das sprengte den Rahmen. Das war zu idealistisch. In der Tat, es war wahrlich idealistisch, ganz im Sinne von Schiller, was man aber im Grunde gar nicht wollte, gar nicht will. Man will nur so tun als ob. Als ob es politische Freiheit oder Gedankenfreiheit oder Schönheit oder edles Menschsein gäbe. Man will es sich und den anderen einreden, zur Beruhigung und Selbstbeweihräucherung.

Anerkennung und Integration muss man hinterfragen. Ist es wirklich anerkannt, wirklich integriert, oder nur so zum Schein, als gute Fassade für ein Establishment, das immer reaktionär, das immer heuchlerisch, immer brutal, egoistisch und rücksichtslos gewesen ist? Als Illusionsschleier, hinter dem sich der Machtapparat verstecken kann, der scheinbare und der tatsächlich.

Franz von Assisi hatte das klar durchschaut und den ganzen prunkvollen Machtapparat attackiert. Aber man hat ihn hübsch eingebaut ins System, man hat ihn nicht niedergeschlagen und ausgerottet wie die Katharer. Das sind die zwei Muster: Die einen, die man für gefährlich hält, die vernichtet man, die anderen integriert man scheinbar, entschärft sie auf jeden Fall und benutzt sie dann als Legitimation seines eigenen Systems. Schaut her Leute, wie freiheitlich wir sind, wie tolerant, wie universell. Es bleibt aber verlogen für den Menschen, der das durchschaut.

Man kann es versuchen. An seiner Arbeitsstelle, wie ich an meiner. Ich sehe mich als gescheitert an. Ab und zu suchen mich Alpträume heim. Zeigen mir, dass ich nichts erreicht habe, dass ich nur abgelehnt und ausgegrenzt worden bin. Das ist meine „Kreuzigung". Es gibt andere. Alle Systeme aller Zeiten haben sich viele Methoden ausgedacht mit den Andersdenkenden umzugehen. Die Menschen haben das übernommen, auch und gerade die einfachen Leute. Frauen quälen Männer, Männer quälen Frauen, und Kinder sind immer gute Opfer, und wenn nicht die, dann gibt es immer noch ein Tier oder eine Pflanze, die man quälen kann.

Die Illusion von Jesus bestand vielleicht darin zu meinen, dass sich durch eine Kreuzigung mal etwas ändert im System der Unterdrückung durch die Mächtigen. Im Gegenteil, es wird weiter gekreuzigt, in endlosen Variationen, als wenn es ein sadistisches Menschenspiel wäre: Wie kann ich den anderen quälen und langsam umbringen. In der Antike gab es die realen Kreuze, später dann die Scheiterhaufen, dann die Lager, die Gaskammern, die Guantanamos, die es immer noch gibt, überall auf der Erde in endlosen Variationen, und die ganz banale, alltägliche Kreuzigung durch schlechte Lebens- und Arbeitsbedingungen, durch dauernde Überlastung bis zum Tod, mit dem dann auch noch Kasse gemacht wird, denn Grabsteine, Gräber und Friedhofsgebühren sind teuer.

Wie können wir den Albtraum beenden?

„Mein Reich ist nicht von dieser Welt"

Meines auch nicht. Weil dies eine Welt des Elends ist. Ein Jammertal, wie man vor Jahrhunderten sagte. Die Menschen damals hatten durchaus recht. Heute bilden sie sich immer noch sehr viel auf ihre Technik ein, und das heißt eigentlich darauf: *Gott zu spielen*, meinen mit ihrer Technik die Probleme des Lebens gemeistert zu haben oder meistern zu können. Dabei ist das nicht der Fall. Ist also nur Propaganda. Das ganze ist eine Art globales Kinderspiel. Wir spielen mal Gott. Wir ändern alles, und zwar so, wie es uns gefällt. Wir sind ganz groß. Wir können alles. Wir beherrschen alles. Die Klimakatastrophe, die sie immer noch nicht wirklich wahrhaben wollen, zeigt ihnen jedoch die Grenzen.

Größenwahn ist die Krankheit. Aber Kranke, Süchtige wollen meist nicht erkennen, dass sie krank sind. Sie sind in ihrer Welt des Wahns gefangen. Ziehen es durch bis zum bekannten bitteren Ende. Man braucht sich nur die vergangene Geschichte anzuschauen, aus der sie angeblich immer gelernt haben. Gar nichts haben sie. Sie machen die gleichen Fehler. Der Größenwahn irgendwelcher Kaiser und Könige ist nicht unser. Nein, aber dafür haben wir einen anderen. Windparks in der Nordsee. Gigantische Staudämme. Endlose Autobahnen. Die totale elektronische Vernetzung. Total – und totalitär.

Mich widert das alles nur an. Aber das teilen nicht viele. Sie wollen es lieber positiv sehen. Es gibt doch auch Schönes. Es gibt doch auch so viel Schönes. Schau doch mal die Blumen. Schau die lustigen Spatzen. Sicher. Bezweifelt keiner. Nur am Ende steht das Grab. Steht die Leere, die Sinnlosigkeit aller Bemühungen. Mementori mori hieß einst das westliche Mantra. Memento mori. Es ist alles vergänglich und am Ende steht der Tod.

Was haben nicht Menschen für elende Leben geführt, führen müssen. Man schaue sich die Geschichte an. Die vielen sinnlosen Tode, allein in den Kriegen. Aber heute ist es nicht besser. Dabei könnte es ja durchaus etwas besser, erträglicher sein, wenn nicht die rücksichtslosen Machtmenschen des Geldes alles beherrschen würden, diese Söhne Satans.

Der Dalai Lama, der immer lacht, stößt mich persönlich heute eher ab. Was soll das? Seine eigenen Leute werden unterdrückt, niedergeprügelt, ermordet. Trauer wäre angemessener. Dieses blöde Lachen in die Kameras und das billige Gefasel vom Glück *for everybody*. Es gibt kein dauerhaftes Glück, es gibt aber definitiv zu viel Elend auf der Erde. Das ist die Wahrheit. Allein die hungernden Menschen, allein das reicht schon. Hahaha, alles nur leer, alles nur vergänglich, hahaha. Für mich ist das Lachen unangemessen. Jesus hatte wirklich Mitgefühl, der Dalai Lama redet nur davon. Jesus erkannte das abgrundtiefe Elend der Menschen, und Trauer erfüllte sein mitleidendes Herz. Aber die Spießer wollen in ihrer sauberen Vorgartenwelt leben, die Eso-Spinner in ihrer Wellness-Oase. Die Wahrheit interessiert sie nicht. Die Wahrheit der unterdrückten Menschheit, der eingesperrten, versklavten oder ausgerotteten Tierwelt und der mit chemischen Keulen niedergeknüppelten Pflanzenwelt schon gar nicht. Wahrheit tut weh. Wahrheit macht keinen Spaß. Wahrheit ist ein Schmerz und ein Schrei. Man will die Schreie der gequälten Menschen nicht hören. Man will die Schreie der getöteten Tiere nicht hören. Und die Schreie der Pflanzen hört eh fast keiner, weil viele eben taub sind.

Sie sehen das alles immer so negativ, eine Standardbeschwerde meiner Schüler früher. Ja, weil es so ist, weil ich hinschaue, weil ich immer genau hingeschaut habe und weil ich mich immer gefragt habe: Warum ist das so? Was soll eine Menschheit, wo sich alle gegenseitig quälen? Zärtlichkeiten sind nur in der Pause erlaubt, zwischendurch mal, gut, muss auch sein, aber dann gehen die Gemeinheiten und Quälereien weiter. Dann wird weiter gekämpft und zugeschlagen. Wer kämpft, schlägt zu. Wer kämpft, tötet, so oder so. Den anderen, oder sich selbst, oder Teile von sich selbst.

Ich sage es deutlich: Ich lehne diese Welt ab. Ich lehne eine Welt des Leidens und Kampfes ab. Ich kann daran nichts Gutes finden. Ich lehne eine Welt ab, in der man für das Gute kämpfen muss. Warum ist es nicht einfach da? Und das schon seit Generationen, seit Jahrtausenden. Was soll die ganze Geschichte der letzten fünftausend Jahre? Was sollen die Leichenberge?

Ich glaube, du solltest mal eine Therapie machen. Ja, ja, damit kommen sie dann immer. Es geht aber um die Weltordnung, die ich ablehne. Weil ich mich grundsätzlich frage, warum es eine Welt sein muss, in der es so viel Elend gibt, angefangen mit dem Brudermord von Kain und Abel bis hin zur heutigen Klimakatastrophe. Ich brauche keine Therapie, die Welt braucht eine.

Herr Jesus Christus, erhöre uns. Herr Jesus Christus, wann rettest Du die Welt?

Keine Scheinlösungen, keine Beruhigungsmittel. Sondern eine grundsätzliche Lösung. Eine ganze andere Welt, darum geht es. Eine Welt, in der sich nicht alle abmühen und abzappeln ihr ganzes Leben lang, mal ein Bier hier oder mal ein wenig Lust da, aber meistens nur abrackern, um am Ende als Asche in der Urne deponiert zu werden.

Was, bitte schön, soll so eine Welt?

Der Mensch ist eine Bestie, ein Monster. Menschen, die den Krieg erlebt haben, kennen diese Wahrheit. Wer Ohren hat, der höre, sagte Jesus oft. Wer Ohren hat, der höre den Tieren zu, den Pflanzen. Sie können dir eine Leidensgeschichte, eine endlose Leidensgeschichte erzählen von Brutalität, Quälerei und den Fratzen des Todes. Das wollen die herumfaselnden Leute nicht hören, sie faseln und fabulieren lieber ihre rosabunten Phantasiegeschichten von kosmischen Strömungen und der großen Liebe. Blablabla, wo ist denn die große Liebe, wo denn? Wo war sie denn in Auschwitz, in Hiroshima? Wo war sie denn in all den Jahrhunderten? Was soll denn das ewige Gesülze von schönen Lösungen, wenn die Tatsachen eine andere Sprache sprechen? Ganze Völker wurden ausgerottet, nicht nur ein paar Leute, nein, ganze Völker. Warum schreit der Dalai Lama nicht jeden Tag ins Mikrophon? Warum nur diese nichtssagenden Blasen? Es sind Verbrecher, die die Welt beherrschen, hundsgemeine Verbrecher. Es helfen keine schönen, netten Worte. Es hilft gar nichts, weil sie alle Macht haben. Eine totalitäre Macht. Auch und gerade heute durch die elektronischen Medien. Es hilft gar nichts, weil sie nicht zu ändern sind, nicht zu verwandeln. Sie wandeln nur ihre Methoden. Seit der Antike wurden diese immer geschickter, gerissener, hinterhältiger, versteckter, intelligenter. Sie sind intelligente Parasiten, Blutsauger. Resistent gegen jedes Gift, resistent gegen jedes Veränderungsmodell. Sie lassen uns den Buddha oder den Jesus, aber sie lachen nur darüber, weil sie genau wissen, das unsere harmonischen Bilder die Welt nicht verändern, sondern nur Dekoration bleiben für die Gefängnisse, in die wir eingesperrt sind.

Wir denken immer, die Leute vor 1000 oder 2000 Jahren wären dumm gewesen, wir hingegen seien klug und würden die Welt erst richtig erkennen und durchschauen. Was für eine Illusion! Es ist ganz im Sinn von Satan, dass die Menschen heute meinen, es gäbe keinen Satan und er würde auch nicht die Welt beherrschen. Nichts ist besser für eine totalitäre Macht, als wenn alle meinen, sie wären frei und es wäre im Grunde doch eine schöne, neue Welt der „Liebe". Das ist ganz im Sinne von Satan, dessen Einkaufsschlösser und Einkaufspaläste in allen Städten der Welt stehen. Und seine Türme erst. Schaut euch seine schönen, hohen Türme an. Seine Stacheln aus Stahl und Glas. Wie dumm und verblendet der moderne Mensch doch ist! Er hat sich schon lange verkauft und seine Seele längst verloren.

Wo könnte ich Jesus treffen, dachte ich gestern, als ich in eine Gartenkolonie fuhr, um jemanden zu besuchen. Wo? An der Tankstelle? Hallo Jesus, auch mal wieder tanken? Oder sitzt er in einer der Parzellen und redet mit Wochenendseminarteilnehmern über ökologisches Gärtnern? Oder doch vielleicht in einem der spirituell toten Gotteshäuser, wie der sogenannten Klosterkirche in Riddagshausen, die spirituell absolut tot ist, und sich immer noch St. Mariä nennt, obgleich die Evangelischen nichts von Maria halten und noch weniger verstehen? Oder sitzt er einfach auf einer Bank und wartet auf seinen Bus? Oder fährt er etwa eines dieser überdimensionalen Autos als Sohn des Herrn?

„Mein Reich ist nicht von dieser Welt." Mit diesem Satz hat Jesus die Welt verworfen, teilweise, denn andererseits wollte er nicht wie ein Buddhist ausweichen und sich zurückziehen in eine rein geistige Welt, sondern er hatte schon den Anspruch zu heilen. Und er hat es ja deutlich getan! Bei der Heilung ging es nicht nur um einen Einzelnen, sondern eben auch und gerade um die Gemeinschaft, also um den sozialen Aspekt, und das heißt eine Welt jenseits von Geld und Gewinnen, was viele nicht mögen und deshalb das christliche Modell verwerfen. Satanisch ist es zu denken man wäre christlich und Gott wäre auf Seiten der Gewinner und meine es gut mit den Menschen, die viel Geld verdienen. Das halte ich für ausgesprochen satanisch!

Das Satanische, das Dämonische in der Welt muss genau erkannt werden. Verdrängung und Verharmlosung helfen nicht. Eskapismen helfen nicht, sprich Fluchten in Scheinwelten, wie Kino, Kaufhäuser, Wellnesshotels etc. Das Satanische arbeitet mit unendlich vielen Verführungskünsten. All diese müssen erkannt werden. Macht und damit verbundenes Allmachtsdenken ist eine bekannte Verführung. Aber geistige Macht, Popularität ist auch eine Falle, in die viele Menschen gehen. So werden oft diejenigen verführt von Satan, die eigentlich eine bessere Welt schaffen wollten, dann werden sie schnell lahm, träge, reden der trägen Masse nach dem Mund, sind nur noch nett und lächeln, sind aber wirkungslos, was eine echte Veränderung der Welt betrifft.

Hinweis zur Lektüre: Jesus und Satan. Lukas 4, 1-13

Das Satanische ist, kurz gesagt, ein komplexes Verführungsnetz, das ein gutes, geistiges, reines, gesundes, ehrliches Leben zerstören will. Es arbeitet mit allen Tricks, wie es so treffend heißt.

„Mein Reich ist nicht von dieser Welt" heißt damit: „Ich wünsche mir eine andere Welt." Eine mitmenschliche Welt, eine kooperative, ganzheitliche, ökologische, spirituelle, friedliche Welt. Das ist die positive Alternative. Die Motivation für diese andere Welt muss sehr stark sein, um sich gegen Anfechtungen wehren zu können. Ein diffuser Traum oder eine vage, unbestimmte Motivation reichen nicht aus. Ein rein mentales Konzept nicht. Eine emotionale Anwandlung schon gar nicht. Ein allgemeines Sehnsuchtsgefühl ebenfalls nicht.

Kann Jesus in heutiger Zeit für uns eine starke Motivation sein?

2. Der Weg des Himmels

In jeder katholischen Kirche finden sich Bilder vom Kreuzweg. Vierzehn Bilder eines Leidensweges, der im Grab endet. Als wenn alles nur Leiden wäre, alles nur im Grab enden würde. Warum gibt es keinen positiven Weg, keinen Weg des Himmels? Warum gibt es nicht diese Bilder – oder soll es sie wieder einmal nicht geben? Steckt dahinter eine Manipulation? Oder nur Unverständnis und Dummheit?

Auf jeden Fall kam mir die Idee: Künstler der Zukunft müssten einen Weg des Himmels schaffen, einen positiven Weg der Wandlung und Transformation. Einen positiven Weg der Vergeistigung, und das kann nicht genug betont werden, dass Vergeistigung in diesem Fall nicht Verdrängung heißt, sondern Entfaltung, Entwicklung geistiger Möglichkeiten.

Die Stellen über Jesu Erscheinen nach der Auferstehung sind mager, dürftig, zeugen geradezu von Unverständnis und Unfähigkeit. Nicht einmal bei Magdalena, seiner Gefährtin, sofortiges Erkennen. Aber, wie gesagt, es kann alles manipuliert sein. Die Texte können alle gefälscht sein. Man muss die Möglichkeit immer in Betracht ziehen, weil die Mächtigen immer, zu allen Zeiten alles in ihrem Sinne manipuliert haben. Damals. Heute. Es hat sich da rein gar nichts geändert, weil sich die Mächtigen nicht ändern und nicht ändern wollen. Sie wollen nur eines: MACHT, Macht um jeden Preis.

Also, die Stellen im Neuen Testament sind nicht ergiebig. Den Weg zum Himmel kann auch nur jemand nachvollziehen und beschreiben, der ihn selbst gegangen ist, wie Yogananda. Schreiberlinge können das nicht. Dogmatiker, Theoretiker, Theologen können das nicht.

Hier ein kurzer Abriss der Erscheinungen:

1. Jesus erscheint Maria Magdalena. Sie hält ihn erst für den „Gärtner". Merkwürdig. Vermutlich doch eine Textfälschung. So dumm ist keine liebende Frau!
2. Jesus erscheint zwei Jüngern auf dem Weg nach Emmaus, aber erst später erkennen sie ihn, als er das Brot wie der Meister bricht.
3. Jesus erscheint weiteren Jüngern. Friede sei mit euch! Nehmt den heiligen Geist!

4. Acht Tage später darf der Skeptiker, Thomas genannt, seine Wunden testen. Den Finger einmal darauf legen.
5. Jesus gibt Zeichen seiner „Lebendigkeit und Macht", die Johannes aber weder genau beschreibt noch erklärt.
6. Am See von Tiberias hilft er ihnen beim Fischen. Und sie essen dann gemeinsam. Na ja.
7. Jesus gibt Petrus den zentralen Auftrag, was der aber nicht richtig zu begreifen scheint.
8. Dann ist von Erscheinungen und irgendwelchen Aufgaben für die Apostel die Rede, was aber nicht genauer erklärt wird.
9. Jesus kündigt den heiligen Geist an.
10. Jesus verschwindet in einer Wolke. Keine weiteren Erklärungen dazu.
11. Pfingsten kommt dann urplötzlich der heilige Geist über alle.
12. Jesus wird als Herrscher der Welt (Pantokrator) gesehen.
13. Jesus wird als Salvator Mundi gesehen.

Das ist so ziemlich alles. Wer will, kann das selbst nachlesen, isb. Johannes, Lukas und Apostelgeschichte.

Waren alle derart ungeübt und unfähig eine Erscheinung zu erkennen und zu verstehen? War niemand in der Lage es angemessen aufzuschreiben? (Oder, wie gesagt: war es, ist es manipuliert worden?)

Da ich davon ausgehe, dass Jesus seine Lehrzeit in Indien verbracht und dort seine yogischen und heilerischen Fähigkeiten entwickelt hat, waren die Leute seiner Heimat nicht fähig seine andere, höhere Dimension zu erfassen. Sie waren fasziniert, keine Frage, und sind mit ihm herumgelaufen, eine Tatsache, aber wirklich verstanden haben sie wenig oder gar nichts, was spätestens die Szene Jesus und Petrus deutlich macht (Johannes, 21, 15-19).

Der Sinn mag ja darin liegen, dass man sich mit einem Mysterium Jahrtausende beschäftigen kann. Man kann viel reden, viel diskutieren, viel in Zweifel ziehen, und wieder viel schreiben, sich streiten, ohne Ende hin und her argumentieren. Nur, was bringt das, wenn die eigentlichen Wandlungs- und Transformationsprozesse kaum oder meist überhaupt nicht stattfinden? Diese Prozesse müssen erlebt und erfahren werden, nicht bedacht und erdacht, wie es die Theoretiker immer wollen. Skeptiker kann man ohnehin komplett vergessen, sie quatschen nur dauernd dagegen. Das ist so sinnlos wie Gänsegeschnatter, wobei dieses Geschnatter noch mehr kommunikativen Sinn haben mag.

Komplette Auflösung des Körpers in den Regenbogenkörper, erneute Materialisation für eine gewisse Zeit, für bestimmte Botschaften, vollständige Dematerialisation und ewige Verbundenheit mit der geistigen, universellen Dimension. Yogananda hat es beschrieben (Yogananda, Der Yoga-Jesu). Er hat es beschreiben können, weil er sich mit den Erfahrungen auskannte. Unter Yoga dürfen ja nicht nur die Asanas (Yogananda nennt acht Stufen), also die mehr körperlichen Übungen, verstanden werden. Am Ende des Weges geht es um Samadhi, die Vereinigung mit Gott. Und Gott ist nicht christlich, jüdisch, muslimisch, hinduistisch, sondern universell. Gott ist auch das Göttliche, die Göttin, die Mutter, der Himmel und die Erde. Es geht nicht um aristotelische Logik, um entweder – oder, es geht um keine Schubladen. In der Dimension des universellen Seins gibt es so etwas wie Schubladen nicht. Der Himmel ist weit und leer und licht.

Westliche Autoren können es leider nicht beschreiben. Sie können letztendlich dann nur Bibelzitate wiederholen, wie Jörg Zink zum Beispiel (siehe sein Buch Jesus), aber nichts erklären. Besonders schlimm ist die allergische Abwehr, als wollte man sagen: ich will auch nichts lernen, ich will mich auch nicht weiterentwickeln, nein, nein, nein, das will ich nicht, ich will so doof und dumm bleiben, wie ich bin. Nennen wir es kleinkindliche Trotzhaltung. Man kann sie überall feststellen. Auch bei Theologen und Professoren!

Wer intensive Übungen verfolgt und offen ist, der findet dann den Weg, seinen Weg, auch wenn ihn niemand geschult haben sollte. Dazu braucht man sich nur die europäischen Mystiker anzuschauen. Yogananda hat es übrigens bereits vor mehr als 60 Jahren festgestellt. Begriffe und Stufeneinteilungen sind nicht das Entscheidende, sondern die Erfahrung der Transformation und der geistigen Entfaltung. Oder metaphorisch gesprochen: der Weg des Himmels.

Wer den Weg des Himmels verfolgt, löst sich von allen geistigen Beschränkungen, allen, also auch Begriffen, Modellen, Konzepten, Regeln, Gesetzen, Konfessionen, von denen sowieso, Katechismen etc. Er löst sich von allen Lehrern und Pfarrern, die immer alles zu wissen meinen. Und er löst sich gleichermaßen von körperlichen, materiellen Beschränkungen. Das erste können die meisten, theoretisch, noch ein wenig nachvollziehen. Beim zweiten meldet sich dann ihr innerer Trotz, ihr oberkluger Skeptiker. Nein, das kann ich mir nicht vorstellen! Sie wollen es nicht. Sie wollen auch nichts lernen. Es geht hier nicht darum, sich das vorzustellen oder blind und dumm zu glauben, sondern es selbst zu erfahren. Eigene Erfahrung zählt.

Den Weg des Himmels musst du gehen. Jahrzehnte lang. Wer Jahrzehnte lang im materiellen Labyrinth herumirrt, der kommt auch an kein Ziel. Sein Weg ist und bleibt das Herumirren, und entsprechend schwätzt er herum, sei es nun *small talk* oder theologisches, psychologisches, philosophisches oder sonstiges Geschwätz. Der Weg des Himmels führt nicht ins Tal, nicht in die Kirche und nicht ins Kaufhaus, sondern in den Himmel, in eine leichte und lichte Dimension.

Wer aus den Bergen kommt und den Leuten im Café oder in der Schulklasse etwas von der Welt der Berge erzählen will, der erntet staunende, verwirrte, zweifelnde Gesichter. Was? Wie? Wo?

Wer sich nicht auf den Weg macht, bleibt dort, wo er sich befindet. Jesus hatte sich auf den Weg gemacht. Alles andere wäre auch undenkbar. Immer nur im Heimatdorf und dort die anfallenden Zimmermannsarbeiten verrichten? Das schult keinen Geist. Das entwickelt kein Bewusstsein. Da muss man auf Wanderschaft gehen.

Also ging er sicher auf eine Wanderung Richtung Osten, Richtung Asien, um die spirituellen Formen und Wege der Menschen zu erkunden. Das ist der natürliche Weg. Christen tun sich damit schwer, wie sie sich ja mit allem Natürlichen schwer tun, anstatt es einfach zu akzeptieren. Weil in der Bibel davon nichts steht, blocken viele sofort ab. Nach ihrer naiven Vorstellung geschah alles urplötzlich, rein passiv erduldet. Das ist aber bei niemandem der Fall. Menschen entwickeln sich, haben einen Werdegang, bis sie eine Reife und Vollendung erreichen. Das kann bei Jesus nicht anders gewesen sein. Sein Weg führte als Lehr- und Erfahrungsweg erst einmal in östliche Richtung.

Später dann kam ihm die Idee, seinen Leuten, seiner Heimat eine neue Botschaft zu bringen. Er wusste sehr wohl, dass das auch zur Konfrontation führen würde. In seinem Fall wurde die Konfrontation dann extrem. Die

Kreuzigung. Das westliche Muster. Der Andersdenkende wird gekreuzigt, verbrannt oder wie auch immer getötet. Dauerndes Kritisieren, Diffamieren und Ignorieren ist seelisches Töten. Das „Kreuzigen" ist ein Muster, das sich bis heute durch die europäische Geschichte zieht. Das integrative Muster, das positive Gegenstück, ist zwar bereits da, aber noch lange nicht Standard, noch lange nicht. Viele verstehen es nicht einmal mental, und da ist man noch weit von meditativer Einsicht entfernt.

In der Bibel ist davon die Rede, dass der junge Jesus kluge Fragen stellte. Es waren sicher kritische Fragen. Unangenehme Fragen. Entlarvende Fragen. Was sollen die vielen Vorschriften und peniblen Regeln? Jeder geistige, aufgeweckte Mensch stellt irgendwann kritische Fragen und wenn er sich nicht gleich mundtot machen lässt von den alten Herren, dann stellt er weiter kritische Fragen und er hört erst damit auf, wenn er gute Antworten gefunden und tiefgreifende Erfahrungen gemacht hat. Das ist der Weg des Himmels. Der Weg der Konditionierung und Konformität sieht anders aus und ist kürzer. Kurzes Training, und dann lebenslang die gleiche Rolle spielen, und niemals aus der Rolle fallen, bitte. Die Herrschenden haben für die Masse seit Jahrtausenden nur dieses Programm vorgesehen. Auch und gerade heute! Selbstentwicklung und Selbstentfaltung wird am Rande geduldet, ein wenig, aber es steht nicht im Zentrum. Wer das Göttliche sucht, wie Jesus, für den steht das jedoch im Zentrum. Wäre er den Weg der Anpassung gegangen, dann hätte er auch in seinem Heimatdorf bleiben können. Als er später Lehrer war, war er ein wandernder Lehrer, weil er es schon vorher war, weil er schon seit seiner Jugend unterwegs war.

Die Weltenwanderer sind niemals rigide, können es gar nicht sein. Sie erleben und erfahren die Vielfalt der Welt, der Formen, der Menschen, der Landschaften. Jesus Hinweis darauf, einfach das zu essen, was angeboten wird, basiert auf seiner Lebenserfahrung. Starre Einteilungen waren nicht seine Sache, in keinem Bereich, auf keiner Ebene. Das musste logischerweise zur Konfrontation führen, denn die Kleinkrämer legen gerade darauf Wert, auf kleingeistige Einteilungen, und das gilt für den Law and Order-Spießer bis zum Professor und zum Präsidenten.

Es wundert mich immer mehr, dass sich eine ganze abendländische Kultur auf Jesus beruft, aber so wenig davon wirklich versteht, und in vielerlei Hinsicht genau das Gegenteil macht. Sie berufen sich auf Jesus, der den Besitz abgelehnt hat – auf Weltenwanderschaft kann man ja keinen Besitz mitschleppen – aber sie beten den Besitz geradezu an. Nichts ist ihnen, den CDU-Wählern und im Grunde allen anderen, so heilig wie ihr Besitz. Was hätte man von Jesus in einem Museum ausstellen können, wenn man denn etwas gehabt hätte? Sicher nicht mehr als von Ghandi.

Ist ihre Berufung, ihr ganzer Glaube nur eine Art Kompensation? Ein seelischer Ausgleich? Weil sie selbst keine universelle Weltliebe leben können, beten sie wenigstens mal zu einem, der es konnte? Weil sie selbst keine friedlichen Menschenwesen sind – und seit Jahrtausenden führen sie ja meist Kriege – beten sie zu einem, der alle Menschen lieben konnte? Am Sonntag möchten sie mal so sein, für ein paar Minuten, aber sie können keine fünf Minuten ihren Schnabel halten, sie können keine fünf Minuten meditieren und von einer Wende, einer Umkehr, einer echten Reue, was die falschen und dummen und gemeinen und brutalen Wege betrifft, einer Metanoia, also einer Umkehr in eine wirklich humane Gesellschaft, sind sie immer noch 2000 Jahre entfernt.

Jesus, der Steppenadler

war frei und flog hinauf
durch den flimmernden Himmel
der endlosen Wüstenweiten
der Länder des gelben Ostens

er folgte den Wegen den Spuren
der wandernden Menschen
hinauf zu den heiligen Bergen
den Thronen der indischen Götter

er saß auf den Pässen des Windes
und in dunklen Höhlen der Berge
über donnernden Wasserflüssen
suchend das innere Licht des Heils

er flog wie der Adler des Feuers
durch die bunten Welten der Täler
und erkannte am Ende der Wege
den ewigen Himmel des Lichts

Dies ist ein Gedicht aus der spirituellen Erfahrung heraus. Das ist die Wahrheit des gelebten spirituellen Lebens. Mit rein intellektuellen Kopfwahrheiten kommen wir als Menschen nicht weiter. Das sind und bleiben Denkspielchen. Beschäftigungen für den Verstand. Computerspielchen im Kopf, die aber keine Veränderung des Lebens und schon gar nicht eine Wandlung der menschlichen Gesellschaft bewirken. Seit der Antike gibt man sich in Europa der Illusion hin, das reine Denken würde eine Wandlung bewirken.

Warum haben Menschen wie Jesus keine Schriften hinterlassen? Wenn man sich in Jesus hineinversetzt, dann weiß man warum. Weil es nicht auf diese ankommt, sondern auf einen gelebten spirituellen Weg. Was nützen alle Bücher und theoretisches Wissen, wenn man nichts davon lebt? Interessanter scheint mir die Frage, was Jesus mit seinen Anhängern, also den Frauen und Männern – mit der patriarchalischen Manipulation sollte mal aufgeräumt werden – also mit Frauen, Männern und Kindern, welche sicher auch mit dabei waren, eigentlich in spiritueller Hinsicht gemacht hat? Die Evangelisten berichten von Geschichten, Belehrungen, Heilungen und einigen Festen. Gut, aber sonst? Wurden Lieder gesungen, meditative Lieder wie in Taizé etwa? Oder wurde in Stille meditiert, um den Kopf frei und leer und offen zu bekommen für den universellen Geist? Oder wurde ekstatisch getanzt wie bei den Sufis? Ich kann mir alle Formen gut vorstellen. Wo sollte da auch ein Problem bestehen? Das kommt immer nur, wenn es um den Machtapparat einer patriarchalischen, den Menschen unterdrückenden Machtkirche geht, denn diese will Marionetten, unfreie, unterdrückte Sklavenmenschen. Das ist nicht nur ein Problem der Kirche. Nein, die heutige „allmächtige" Wirtschaft macht das gleiche. Sie will programmierte Funktionsmenschen mit bestimmten Kompetenzen. Sie hat letztendlich ein Robotermenschenbild. In letzter Konsequenz kann sie den Menschen auch gleich Chips implantieren.

Zurück zum positiven Bild. Eine freie, unabhängige Gemeinschaft von Menschen. Isst und trinkt zusammen, singt Lieder und tanzt, betet und meditiert. Hippy-Gruppen haben das gelebt. Ich kann mir die Gruppe um Jesus nur als Hippy-Gruppe vorstellen. Es ist sonnenklar, warum diese Berichte in der Bibel nicht erscheinen. Dem trockenen Verstand gefallen keine lebendigen Formen. Den hohen Herren gefällt keine wilde Ekstase, denn sie wollen ihre Würde und Macht bewahren. Die hohen Herren haben ihre Emotionen, genauer gesagt: ihre Restemotionen, ihre verdrängten und verschrumpelten Emotionen immer unter eiserner Kontrolle. Kein Wunder, dass die alten, vertrockneten Frauen zu den besten Anhängern gehören. Eigentlich ist das aber nicht witzig, sondern äußerst deprimierend.

Wann gibt es wirklich lebendige Formen der Spiritualität?

Bisher scheint es immer nur einen Gegensatz zu geben zwischen der Welt der Religion und der normalen, alltäglichen Welt. Wenn in einer Messe der Heilige Geist angerufen und herbeigerufen wird, dann ist das sicher gut. Die Lieder sind gut, teilweise sogar sehr gut, die Anrufungsformel ebenso. Dagegen ist nichts zu sagen.

Komm herab heilger Geist,
der die finstre Nacht zerreißt,
strahle Licht in diese Welt,
Veni Sancte Spiritus.

Komm, der alle Armen liebt,
komm, der gute Gaben gibt,
komm, der jedes Herz erhellt,
Veni Sancte Spiritus.

Und so weiter. Zehn Strophen geht diese Version des Beschwörungsliedes. Singt man dieses Lied einfach nur herunter, dann wird es bestenfalls nur eine kompensatorische Funktion haben. Ein bisschen beruhigender Ausgleich für den Alltag. Meint man es hingegen wirklich ernst, dann kann es richtig lebendig werden, dann kann es die Welt verändern. Leider bleibt es meist nur einfacher Trost.

Höchster Tröster in der Zeit,
Gast, der Herz und Sinn erfreut,
köstlich Labsal in der Not,
Veni Sancte Spiritus.

Trost reicht nicht. Trost ist nur vorübergehend. Für eine Stunde, vielleicht sogar ein wenig mehr, aber meist geht nach einer spirituellen Stunde sofort das Geschwätz los, was ich bei Buddhisten, Christen und allen anderen erlebt habe. Blablabla, sie müssen immer gleich alles wieder zerquatschen. Blablabla. Wie soll ein Geist sich im Bewusstsein verankern, wenn er gleich durchs Geschwätz wieder vertrieben wird? Er kann es gar nicht – und damit kann er auch nicht richtig in der Realität wirksam werden. Man ruft etwas herbei – und gleichzeitig sabotiert man es, durch zu formelhaftes Anrufen und durchs gleich einsetzende Gegenprogramm. Man möchte es gern, vielleicht sogar sehr gern, aber dann doch wieder nicht, hat Bedenken, Angst vor den Konsequenzen, den Veränderungen der Verhältnisse. Über den Alltag reden ist unverfänglich. Und der Affe des Bewusstseins kreist lieber um die lustigen Anekdoten des Lebens. Hast Du schon gehört? Ach nee, das hätte ich ja nicht gedacht! Also wirklich! Das ist aber auch ein Ding, doll! Wahnsinn!

So bleiben wir bei einer Kompensationskultur stehen. Wir haben schöne Werte. Pastor Köhlers schöne Wertewelt. Schöne Lieder und Gedichte. Wir haben Musik, viel Musik und großartige Kirchen. Dome. Kathedralen des Lichts. Aber das Gezänk und Gestreite bestimmen die Welt. Die Menschen werden gequält und ausgebeutet, die Natur verdreckt und zerstört. Es wird wie besessen nach Öl in den Meeren gebohrt und die Meere dabei verseucht. Das sprudelnde Ölloch im Golf von Mexico ist symptomatisch für diese Suchtkultur. Eine Metapher für eine falsche, untergehende Kultur. Es war nur ein Unfall, ein Missgeschick. Wir kriegen das wieder hin! Wir packen das! Es sollte aber ein Warnzeichen für eine sofortige Umkehr sein. Kevin Costner sollte nicht die Ölpest bekämpfen, sondern die Pest in den Köpfen der Reichen – und es sind vor allem die scheinheiligen Reichen, die seit der Antike die Suchtkultur voranpeitschen – die unstillbare Sucht nach Geld. Nicht zu stoppen, genau wie das Ölloch im Meer.

Sucht – das ist der böse Geist, wenn die Natur ihre Ordnung und Harmonie zerstört. Der heilige Geist wird als „Feuer" beschrieben. Aber das Feuer der Sucht zerfrisst am Ende alles. Das ist keine gute, sinnvolle Inspiration, keine Vision einer besseren Welt. Das ist nicht der gute Geist der Harmonie und Verständigung, sondern der gierige Verbrennungsgeist. Der Weltzerstörer. Der Weltvernichter.

Der heilige Geist ist der heilende Geist. Er wird in Liedern besungen, in Anrufungen herbeigewünscht. *Komm herab, heiliger Geist, und das Antlitz der Erde wird neu.* Der Geist der Harmonie, der Heilung des Menschen, seiner Aggression, seiner Abgrenzungen, seiner Abartigkeiten in vielfältigster Form ist notwendiger denn je. Viele Menschen sehnen sich danach.

Viele Menschen rufen den guten Geist herbei, direkt oder indirekt. Warum wird das von den bösen Kräften permanent sabotiert?

Ich hatte einen ehemaligen Kollegen gefragt, ob er mir eine Aufstellung der Erscheinungen von Jesus nach der Auferstehung schicken könne. Er schickte mir einen synoptischen Vergleich der Evangelien. Dazu eine Reihe von typischen Schulfragen: nennen Sie......versuchen Sie zu erklären......vergleichen Sie......und überlegen Sie. Ich wollte ihm eine Mail schicken.

Lieber Reinhard !

Die beiden Seiten aus dem Religionsbuch haben mir nochmals gezeigt, was ich an der Schule immer für falsch gehalten habe. Den nur rationalen, mentalen Zugang. Für Menschen mit tiefen Empfindungen und starken religiösen Tendenzen ist das eine Zumutung!

Meiner Ansicht nach sollten sich die geisteswissenschaftlichen Fächer von dem positivistischen Objektivitätszwang (ich beziehe mich da auf die philosophische Richtung des Positivismus) emanzipieren und sich endlich dazu bekennen, dass es Wahrheiten des Gefühls, der persönlichen Erfahrungen gibt. Diese sind im spirituellen Bereich der menschlichen Kultur mehr Wert als jedes systemangepasste Verhalten.

Auch im Fach Deutsch hatte es mich immer gestört, dass die rationalistischen Hardliner nur ihre Wahrheit für gültig halten. Das Eigentliche der Religion wie der Poesie ist mit dem Verstand nicht zu erfassen.

Für die Zukunft wäre eine Schule der Herzens- und Seelenbildung zu wünschen. Aber die Fanatiker der Kompetenzen blocken das natürlich ab, weil sie selbst ein totes Herz haben, bzw. eine reine Pumpmaschine.

Dann habe ich abgebrochen. Der Geist, und eigentlich auch der Heilige Geist, ist für sie vor allem ein Verstandesgeist, weil sie als rationalistische Menschen vor allem diesen Geist haben und haben wollen, weil ihnen tiefergehende, höhergehende, jenseits der Verstandeserkenntnis liegende Erfahrungen fehlen, und sie diese deshalb auch nicht als gültig akzeptieren können. Die mentale Ebene ist für sie die höchste Ebene. Sie wollen alles theoretisch, abstrakt erfassen. Sie meinen, das sei möglich. Sie meinen, meditative und kontemplative Erfahrungen seien nicht nötig. Es ginge auch ohne diese.

Seit den antiken Philosophen verfolgt Europa die Spur der distanzierten Welterfassung. Bis heute hat es vom Osten nichts lernen wollen. Bis heute wird der meditative, mystische Weg abgelehnt. Bis heute wird der Herzensweg als subjektiv und emotional diffamiert. Sie setzen nur auf Logik und äußere Fakten, die gemessen werden können, mit irgendwelchen Messinstrumenten.

Der heilige Geist des Lebens ist aber so nicht zu erfassen. Er kann auch gar nicht erfasst werden, weil er jenseits des menschlichen Bewusstseins ist. Somit muss sich der Mensch in der Meditation, im Gebet, im Ritual so tief versenken, dass er über seine individuellen Begrenzungen hinausgelangt, in eine höhere, universelle Dimension. Ohne eine konkrete spirituelle Praxis, die intensiv verfolgt wird, ist das nicht möglich. Der Verstand meint immer, er könne sich das sparen, und eine rationale Abkürzung wählen. Das ist seit der Antike sein arroganter Irrtum.

Die Wahrheit des Herzens ist eine andere als die Wahrheit des Kopfes. Der Kopf meinte immer, er allein könne diktatorisch, kategorisch, ex cathedra bestimmen, was Wahrheit ist, und er hätte dann das Recht, gegen die Andersdenkenden, Andersfühlenden vorzugehen. Und das mit jeder Form der Gewalt, vom Schwert bis zur Logik. Die Blutspur durch Europa ist lang und breit. Der Leichenberg gigantisch. Der Leichenberg der Getöteten und der metaphorische Leichenberg der Missbrauchten. Und alles nur, weil einige Mächtige meinten, sie hätten die Wahrheit gefunden. All die Dogmatiker, Theoretiker, Theologen, Rechtgläubigen, Dominikaner und wie sie sich immer nennen mögen haben keine Welt des heilenden Geistes geschaffen, sondern eine des mentalen „Krieges". Schaut man hinter die modernen Fassaden, dann sind die Dominikaner (ich habe es selbst erfahren) immer noch auf Kramers Spur, dann verfolgen sie immer noch Häretiker und Hexen. Diese Spur kann man nur durch einen anderen Wahrheitsbegriff überwinden, einen Wahrheitsbegriff, der die subjektive, emotionale, meditative Wahrheit anerkennt. Platons Grenzzaun zwischen Aisthesis und Noesis muss weg. Der Grenzzaun zwischen Kopf und Herz. Das ist kein theoretisches Erkenntnisproblem, das ist keine Frage der Theologie oder der Wissenschaften, der Universitäten oder der Schulen. Es ist das Problem unseres Miteinanders. Der Mensch des Herzens muss anerkannt werden. Er müsste sogar mehr anerkannt werden als all die Techniker und Technokraten, weil er für das liebevolle Miteinander in der Welt steht.

Akzeptiert man die Wahrheit des Herzens, nein, lebt man sie, lebt man sie wirklich, dann lösen sich am Ende die Ismen auf. Buddhismus, Taoismus, Christentum, Hinduismus etc. sind längst Formen der Vergangenheit. Yogananda und Osho haben das schon vor vielen Jahrzehnten gesagt und geschrieben. Das sind Abgrenzungsformen wie die Stämme früher, die betonen, dass sie sich von den anderen unterscheiden. Ein heiliger Geist der universellen Verbundenheit ist das nicht. Der braucht weder einen Ismus noch irgendeine Form von Abgrenzung. Der integrative Geist ist der heilende Geist.

Der Verstand meint immer, er hätte das verstanden. Gar nichts hat er! Er sucht immer wieder nach der Abkürzung. Wie oft habe ich das in der Schule bei meinen rationalistischen Kollegen erfahren. Am Ende zählte nur ihre logische, terminologische Wahrheit. Da konnten sie noch so viele Jahre Goethe, Hölderlin, Eichendorff und viele andere deutsche Dichter des Herzens analysieren, gelernt haben sie nichts, weil nur die Wahrheit der Logik vor ihrem knallharten Verstand Bestand hatte. Meine Jahre an der Schule waren Jahre des seelischen Missbrauchs, will sagen: Ich wurde missbraucht, meine Seele wurde missbraucht und misshandelt von einem funktionalistischen System.

Christus Botschaft ist es, den leidenden Menschen zu sehen. Nicht abstrakt, nicht nur in irgendwelchen rhetorisch geschliffenen Predigten und ausgeklügelten Ritualen, nein, ganz konkret und praktisch. Das bedeutet dann in Konsequenz: Mindestlohn für alle, bedingungsloses Grundeinkommen, *fair trade*, um ein paar Stichworte zu nennen. Es war und ist definitiv nicht seine Botschaft gewesen, und heute weniger denn je, gemeinsame Sache mit den Herrschenden des Geldes zu machen. Das war und ist die große Manipulation und Verfälschung in Europa. Man will zwar irgendwie gut sein, aber eigentlich will man dann doch lieber Geschäfte machen, für die man notfalls das Militär einsetzt. Das ist das Problem.

Der leidende Mensch ist immer der andere, den wir oft nicht sehen wollen. Sehen heißt aber hier nicht denken, sondern fühlen. Das Leid des anderen fühlen. Den Schmerz des anderen fühlen. In der Schule und in der Gesellschaft sollte das ein Lernprogramm sein: mehr Gefühl zu entwickeln. Mehr Empathie. Mehr Einfühlungsvermögen. Das braucht man nicht zu bewerten, nicht in Klausuren zu testen, sondern man muss es schlicht und einfach leben. Wie weit ich heute von der Kopfschule entfernt bin! Dabei habe ich das Einfühlungsvermögen immer mit entwickeln und fördern wollen, von Anfang an, also von 1979 an, um die genaue Jahreszahl zu nennen. Von den Logikern wurde das nicht verstanden und erst recht nicht akzeptiert, weil für sie nur die rationale Intelligenz zählt, weil Geist für sie immer nur denken ist, immer nur ein Gedanke.

Komm heilger Geist,
und das Antlitz der Erde wird neu.

Ich singe es, immer wieder. Ich gehe einen Pilgerweg – völlig egal wo, denn überall ist Himmel, ist Erde, ist Licht und Weisheit – und singe diesen Vers, dieses Mantra. So wird der Weg zu einer klingenden Linie durch die Landschaft. Mein Herz wird zu einem Klanginstrument, zu einer schwingenden Saite des Universums. Es muss nicht einmal mein Pilgerweg sein, der direkt vor meiner Haustür vorbeiführt und weiter über die Hügel des Lichts – und das sind hier nicht nur poetische Metaphern, sondern alles ist so real wie es jeder eingefleischte Realist immer haben will: sichtbar, greifbar, fotografierbar, kartografierbar und klassifizierbar – nein, nicht mal dieser schöne Weg ist notwendig, ich mache das auch auf den Parkplätzen von Rewe und Aldi und gehe durch die modernen Einkaufsläden einfach hindurch, sind ja genug Türen da, ich muss nicht mal durch Mauern gehen.

Komm heilger Geist,
und das Antlitz der Erde wird neu.

Ein immer während es Gebet. Ein immer währender Gesang der Seele. Man ist wie aufgelöst im Erlebnis. Man läuft zwischen Himmel und Erde. Man schwingt in der Einheit des eigenen Seins. Man ist eine kleine Welle des Klanges, die durch die Welt tönt. Ein Gedanke, und es kommen einem auch Gedanken, denn man ist ja nicht gedankenlos, ein Gedanke könnte sein: wie disharmonisch, wie kakophonisch die moderne Welt ist. Irgendein Flugzeug, eine heulende Sirene oder ein brummender Rasenmäher wird das Ohr schon erreichen. Der Mensch, ein kakophonischer Chaot. Wie schön die Lerche am Himmel singt! Wie schön die Biene durch die Blumen summt! Ich singe und summe mit.

Komm heilger Geist,
und das Antlitz der Erde wird neu.

3. Die Einheit von Mutter und Sohn

Fakten:
In Furth im Walde steht die Stadtpfarrkirche Maria Himmelfahrt. Sie hat eine Unterkirche, die 1893 entstanden ist. Im Eingang befinden sich zwei Figuren, eine stellt Franz von Asissi dar und eine Antonius von Padua. Im Zentrum der Unterkirche befindet sich die Lourdesgrotte mit Fresken und einem Rosenkranzzyklus (1953) von Erwin Schöppl. Bemerkenswert an der Lourdesgrotte ist der stehende kindliche Herz-Jesu vor der großen Madonna, deren Rosenkranz und Sternenkranz leuchtet. Besondere Figuren sind weiter ein gekreuzigter Christus aus der Renaissance und eine Schmerzensmutter aus der Barockzeit.
Siehe: www.pfarrei-furth.de

Furth im Walde klingt vom Namen her geheimnisvoll, verborgen, versteckt. Klingt nach alten, längst verschwundenen Zeiten. In der Kirche Maria Himmelfahrt gibt es die besondere, kraftvolle Unterkirche. Ein starker Raum, wie ich gleich spürte. Im Zentrum die Lourdesgrotte. Eine große Figur mit einem leuchtenden Sternenkranz um den Kopf, mit elf leuchtenden Sternen, und einem ebenfalls leuchtenden Rosenkranz. Ungewöhnlich, und in keiner anderen Lourdesgrotte von mir bisher gesehen, ein stehendes Jesuskind, das mit der linken Hand aufs Herz zeigt und mit der erhobenen rechten Hand zum Himmel. Auf der rechten Seite der Grotte hängt das Bild: Der in den Himmel aufgefahren ist. Auf der linken Seite: Der uns den Heiligen Geist gesandt hat.

Die ungewöhnliche Kombination der beiden zentralen Figuren war mir gleich aufgefallen. Was mag sie zu bedeuten haben? In anderen Lourdesgrotten bzw. in allen, an die ich mich erinnern kann, stand die weiße Madonna allein in ihrer Höhle. Ich musste aber nicht lange rätseln und nachdenken, die Antwort kam sofort. Sieh es als Einheit. Sieh Mutter und Sohn als Einheit. Also nicht die übliche Sichtweise, erst war die Mutter, die einen Sohn bekam, der dann Gottes Sohn war, im weiteren Leben wurde, als solcher heute angesehen wird, und am Ende ist die Mutter nicht mehr wichtig, ist zweitrangig und nur sekundär. „Maria ist immer sekundär", sagte der Kilian zu mir. Primär, sekundär. Ein einteilendes Denken, das ich noch nie mochte. Das Herz teilt nicht, teilt nicht ein, unterteilt nicht, schafft keine Hierarchie von primär und sekundär. Das Herz sieht die Einheit, weil es die Einheit *fühlt*. Die Einheit *fühlen*, das ist der Punkt, nicht nur sie denken, das meinetwegen auch, aber sie muss vor allem gefühlt werden. Wer es nicht fühlt, der erfährt das Eigentliche nicht. Den ganzheitlichen Kreis des Lebens. Mutter und Kind, Himmel und Erde, Leben und Tod, sie bilden eine untrennbare Einheit. Primär, sekundär, wichtig, weniger wichtig, das ist die typisch falsche Vorgehensweise des Verstandes. Der Verstand ist der Spalter der Welt und am Ende der Zerstörer, buchstäblich und äußerst real, wie man heute jeden Tag in der Welt sehen kann, weil er die Einheit nicht Einheit sein lassen kann und will. Weil er sein Knie und sein Haupt nicht beugen will. Weil er trotzig ist, und meint es besser zu wissen als das Universum, besser und weiser zu sein als Gott. Trotzig und verstockt!

Ein altes Thema, dachte ich. Schon Novalis hat in seinem *Heinrich von Ofterdingen* alles dazu gesagt. Generationen von Lehrern und Schülern haben es gelesen, und doch nicht verstanden, weil ihr mechanischer Verstand immer nur in Trennungen und Abgrenzungen denkt, und nicht polydimensional und integral. Am Ende bleiben die Seiten des Verstandes weiß und leer. Novalis hat es genial durchschaut und im Märchen aufgeschrieben! (Jeder kann es selbst nachlesen. Kap. 9)

*

Wie man die Einheit finden kann, zeigte sich mir vor allem in der Franziskanerkirche in Berchtesgaden. Diese befindet sich oben in der Stadt, auf dem Berg, oberhalb des Flusstales der Berchtesgadener Ache.

Fakten:
Im Zentrum von Berchtesgaden steht die kraftvolle Kirche der Franziskaner. Es handelt sich um eine zweischiffige Kirche, an die sich eine barocke Gnadenkapelle anschließt. Dort steht eine blaue Madonna, eine Ährenmadonna. Die Einrichtung der Kirche wurde im Lauf der Zeit immer geändert, heute ist sie neugotisch. In der Kirche finden sich mehrere besondere Figuren, u.a. zwei sehr schöne Herz-Jesu-Figuren.
http://www.stiftskirche-berchtesgaden.de/kirchen/franzisk.php

Man steigt einige Stufen hinunter in die Hauptkirche und geht dann durch mehrere Teilbereiche bis zur Gnadenkapelle. Hier ist der Weg durch die Kirche ein besonderer, denn erst am Ende erkennt man, wohin man gelangt ist. Auf dem Weg stehen verschiedene Figuren. Gewissermaßen versperren sie den direkten Zugang. Das Kreuz und die leidende Maria. Der auferstandene Christus. Kreuz, Schmerz, Verzweiflung, Nacht, Tod, Überwindung, neues Sein, neues Licht. Immer sind es Stationen, die durchlaufen werden müssen, um das Eigentliche, Wahre zu erkennen. Der Verstand denkt, er könne das ganz schnell, direkt, logisch, ohne tiefergehende Einsichtsgefühle und spirituelle Erfahrungen erkennen.

Der Weg durch eine Kirche kann ein Erleuchtungsweg sein, ein Prozess der langsamen Erleuchtung des Geistes. Aber ein Weg wird nicht ausreichen. Eine Kirche wird nicht ausreichen, reicht definitiv nicht aus. Ein Besuch ebenfalls nicht. Vor meinem Weg durch diese Kirche und vor meinem Besuch in Berchtesgaden lagen viele Wege und Besuche von anderen Orten, die alle mit dazugehören. Inneres Wachstum braucht wie äußeres seine Zeit. Eine Zeit der Ruhe, der Stille, der stetigen, bedächtigen Bewegung. Somit war diese Kirche auf dem Berg von Berchtesgaden eine Art Endpunkt für mich.

Das rein Äußere der Gnadenkapelle kann man schnell erreichen. Das dauert nicht lange. Damit hat man den inneren und geheimen Ort noch lange nicht erreicht. Es ist schon eigenartig, dass man alles sehen und besuchen kann, in all den vielen Kirchen und Kapellen, und vielleicht doch nichts sieht und erkennt. Wer eine distanzierte Sicht hat, bleibt dabei vielleicht stehen. Wer nur Kunstgeschichte sieht, sieht nur Kunstgeschichte. Wer nur katholische Kirche sieht, der sieht nur das: eine alte katholische Kirche. Das „Esoterische", also das Geheime, Verborgene will selbst erfahren und entdeckt werden.

Die blaue Maria steht mit nicht ganz aneinander gelegten Händen vorm Herzen im Zentrum des Altares. Sie hat einen in sich versunkenen, verklärten Gesichtsausdruck. Auf dem weißen Tischtuch ist zu lesen: Sei Königin des Berchtesgadener Landes!

Und, was will uns das sagen, mag der Verstand fragen, der unruhige, der nörgelnde. Was ist das Besondere?

Schick den alten Kerl hinaus, und versenke dich in Maria, dann wirst du es erfahren. Solange er dabei steht, wird es nicht gehen. Setze dich auf eine Bank, knie dich hin und versenke dich in die Stille. Schau auf ihr leuchtendes Gesicht. Schau auf ihre Hände. Schau auf den leeren, zarten Raum zwischen der linken und der rechten Hand. Schau auf ihr blaues Kleid mit den goldenen Ähren. Schau auf die elf Sterne um ihr Haupt. Schau auf die geöffnete Steinmuschel darüber.

Wenn man nicht gerade real dort ist, muss man es visualisieren. Es sich innerlich vorstellen. Ein farbiges Bild im Bewusstsein schaffen, mit den von mir genannten Details. Dann erschließt sich ihre Botschaft.

Man kann natürlich auch das Gotteslob zur Hand nehmen, und eines der Lieder lesen oder singen. Hier ein Beispiel:

Sagt an, wer ist doch diese,
die vor dem Tag aufgeht,
die überm Paradiese
als Morgenröte steht!
Sie kommt hervor aus Fernen,
geziert mit Mond und Sternen,
im Sonnenglanz erhöht.

Sie ist die edle Rose,
ganz schön und auserwählt,
die Magd, die makellose,
die sich der Herr vermählt.
O eilet sie zu schauen,
die schönste aller Frauen,
die Freude aller Welt.

Du strahlst im Glanz der Sonne,
Maria, hell und rein,
von deinem lieben Sohne
kommt all das Leuchten dein.
Durch diesen Glanz der Gnaden
sind wir aus Todes Schatten
kommen zum wahren Schein.

(Gotteslob 588, Text: Johann Khuen 1638)

4. Das Herz des Waldes

Schon seit frühester Kindheit hat mich der Wald fasziniert. Der wilde Wald, der ursprüngliche, der Urwald, der tiefe, dunkle Wald. Schon seit meiner Jugend kenne ich den Bayrischen Wald. Damals in den sechziger Jahren war alles noch einfach und wenig entwickelt, ärmlich. Die Jugendherberge stand am Rande des Dorfes. Dahinter gab es nur Wald, Wald, endlosen Wald bis zur tschechischen Grenze. Heute gibt es immer noch viel Wald, aber zwischen dem Lusen und dem Rachel ist sehr viel abgestorben. Menschenwerk! Wo einst große, dunkle Tannen standen, stehen heute tote, graue Gerippe. Für jeden Waldfreund ein unerträglicher Schmerz. Ein Trauma!

Für wahre Menschenfreunde ist es ein unerträglicher Schmerz, dass es so viel Leid in der Welt gibt, dass Menschen gefoltert und ermordet werden. Wahre Menschenfreunde können und wollen das nicht hinnehmen. Jesus habe ich immer in diesem Sinne verstanden. Damals gab es das ökologische Problem noch nicht in der Schärfe wie heute. Heute sind beide Seiten wichtig, hängen beide Seiten zusammen. Es gibt da kein Entweder-oder. Wer wirklich human sein will, muss auch ökologisch sein und umgekehrt. Will der Mensch eine wirkliche Menschlichkeit leben, und eben keinen Automatismus, keinen Funktionalismus, dann muss er beide Seiten kultivieren, dann muss er sein Herz für den Bruder und die Schwester schlagen lassen, und der Bruder ist auch der Berg und der Wald, die Schwester ist auch der See und die Blume. Der gute Franz von Asissi hat es längst gesagt! (Seinen Sonnengesang lesen.)

Das Herz des Waldes kann man nur im Wald finden. Es gibt dafür keine bestimmte Stelle. Es kann überall sein. Man muss nur hineingehen, in die Tiefe des Waldes. Man muss den verborgenen Ort suchen, den starken, kraftvollen Baum, die Lichtung der Feen oder den magischen Felsen.

Der christliche Glaube ist in Europa zum großen Teil im Gegensatz zum sogenannt „Heidnischen" durchgesetzt worden. Das sollte rückgängig gemacht werden durch eine neue Wertschätzung. Das Heidnische ist gut, ist wahr, und ist schön, so wie der Wald wahr und schön ist. Wenn das nicht endlich geschieht, dann wird es keine Harmonie der Erde geben. Endlich! – denn schon sehr viele Dichter und Künstler vor mir haben sich dafür ausgesprochen! Es ist also keinesfalls eine neue Botschaft, und vor allem nicht nur meine.

Ein moderner, religiöser Mensch sollte sich klar und deutlich von den Verbrechern gegen die Menschlichkeit abgrenzen, und von den Naturausbeutern und Naturzerstörern. Wer den Wald liebt, der kann nicht die Krebsgeschwüre der Megastädte lieben. Wer den Wald liebt, der möchte diese Städte beseitigen. Denn der Wald ist das Herz des Lebens. Die Urwälder der Erde sind das Herz der vielfältigen Lebensformen. Der Biodiversität, wie es modern heißt. Es ist ein unglaubliches Menschenverbrechen, was er mit dem Wald macht, nicht nur mit dem Regenwald, nein, auch bei uns hier, all die Holzfäller und Holzköpfe!

Manchmal dachte ich, die Kirchen sind zu weit weg vom Wald, haben keinen Bezug mehr dazu. Die Natur hat in den institutionalisierten Religionen keinen angemessenen Stellenwert. Wo ist der Wald in der Kirche? Sind es nur die für Weihnachten abgesägten Fichten? Ist es nur der hübsche Blumenschmuck? Müsste es nicht mehr sein? Müsste nicht die Heiligkeit draußen auch drinnen sein? Müsste nicht überhaupt erst einmal die Heiligkeit draußen als solche erkannt werden?

Der heilige Wald, der heilige Baum. Wenn die Schöpfung Gottes gut ist, dann vor allem eben der Wald, gerade im bayrischen Wald, und dann kann er auch heilig genannt werden. Aber man muss es fühlen, mit ganzer Seele fühlen und sich entsprechend ehrfürchtig verhalten. Davon sind die meisten jedoch himmelweit entfernt. Sie sehen nur Holz und Euros. Sie haben ein dickes Brett vor ihrem Holzkopf.

Oberhalb von Bayrisch Eisenstein habe ich eine kleine, nette Kapelle neben der Straße entdeckt, die ich als Waldkapelle empfunden habe. Sie hatte ein Holzdach, Schindeln und ein kleines Glockentürmchen. Auf dem kleinen Altar standen neben Blumen, Kerzen und Kruzifixen vor allem eine hellblaue Königskindfigur, die wohl Christus darstellen sollte, und in der Mitte eine dunkle Holzmadonna. Eine Madonna des Waldes. Eine Waldmadonna. Es wirkte alles bescheiden, einfach, sogar billig, aber es schien doch aus dem Herzen zu kommen. Man könnte es mit dem heiligen Wald verbinden. Ob die Menschen es dort tun, ist natürlich eine andere Frage. Vermutlich haben sie doch nur wieder die alten Konditionierungen im Kopf.

59

Eine sehr bemerkenswerte Kirche des Waldes ist die in Ludwigsthal. Die Herz-Jesu-Kirche.

<u>Fakten und Links:</u>

Neuromanische Kirche, erbaut 1894-94. Von 1895 bis 1901 wurde sie komplett ausgemalt. Der Architekt war Johann Baptist Schott (1853-1913). Die gesamte Innenausstattung: Gemälde, Reliefs, Kanzel, Altar, Taufstein, Entwürfe für die magischen Glasfenster stammt von Franz Xafer Hofstötter (1871-1958) aus München, der damit ein Gesamtkunstwerk geschaffen hat. Die Kirche ist sein Erstlingswerk, und gleichzeitig schon sein Meisterwerk. Die programmatischen Angaben für die Ausmalung lieferte der erste Pfarrer Johann Baptist Wolfgruber (1868-1950).

Dem Besucher fällt sofort die dunkle, mystische Stimmung auf. Diese ist gewollt, denn die romanische Kirche wollte eine Art innere Burg sein, in die sich der Gläubige zurückziehen kann. Kirchen mit solch intensiver Innenbemalung werden byzantinisch genannt. Neben der romanischen Malerei finden sich Jugendstilmalereien. Der Betrachter kann kaum alle Figuren und Ornamente erfassen, so groß ist die Vielfalt. Am Ende kommt alles zusammen in der zentralen, alle empfangenden und segnenden Christusfigur im Chor. Sie ist das Herzzentrum aller Heiligen, die Sonne des Heils und der Erlösung.

http://www.luderboeck.de/Beruf/Hofstoetter/Ludwigsthal/Arbeiten_in_Ludwigsthal.pdf

http://regiowiki.pnp.de/index.php/Pfarrkirche_Herz_Jesu_Ludwigsthal

Außen ist die Kirche schlicht und weiß. Unscheinbar, unspektakulär. Innen dagegen präsentiert sich ein magischer Innenraum. Der ganze komplexe christliche Kosmos. Die Geschichten und Figuren. Die Heiligen, die Evangelisten, die Jünger, Maria. Man kann alles auflisten, wie Luderboeck in seiner Dissertation (s.o.), aber als einfacher Besucher kann man gar nicht alles Einzelne erfassen, sondern die magische Gesamtwirkung bleibt das Entscheidende. Man spürt eine starke Wirkung auf die Seele, für die man keine Begriffe hat – das ist das Magische. Es stärkt die Seele, es baut sie auf. Es gibt der Seele Orientierung und Kraft. Manche mögen sich von der Dunkelheit und der Vielfalt abgestoßen fühlen, mich hat sie zutiefst angesprochen. Der dunkle Wald macht auch manchem Angst, und die Lichtfanatiker wollen alles weiß und hell. Die magische Dunkelheit ist aber tiefer und kraftvoller. Sie hat mehr Schönheit, mehr Geheimnis, mehr Lebendigkeit.

Dass diese magische Kirche überhaupt entstanden ist, ein Wunder! Mitten im Bayrischen Wald. Wie gut, dass der Wolfgruber und der Hofstätter einfach ihr „Ding" gemacht haben. Sie konnten jede Figur erklären, damit der Verstand seine Erklärung hatte. Vom magischen Weltbild mussten sie ja nicht sprechen. Im magischen Weltbild ist alles beseelt, alles voller Kraft und Geist und geheimnisvoller Wirkung. Man lebt in einem komplexen Wirkungsnetz, das man einfach akzeptiert, in dem man ein Ton, ein Klang, ein Wort nur ist. So wie der Regenwald ein komplexes Lebensnetz ist. Ein wichtiger Fluss des Bayrischen Waldes heißt Regen, das nebenbei.

Die Liebe des Lebens kann alles umgreifen, umgreift alles, kann alles annehmen, segnen, vor allem das Kleine, das Unbedeutende. Die Christusfigur symbolisiert das. Das ist nicht die Religion der Mächtigen, der Äbte und der Bischöfe. Vielleicht ist diese Herz-Jesu-Kirche im Bayrischen Wald eine Art Kontrapunkt zu den machtvollen Domen in den großen Städten, so wie auch die kleine Kapelle, in der das eigentliche spirituelle Feuer gehütet wird. Die hohen Herren, ob nun Christen oder Buddhisten oder andere „Männer", wollen immer ihre Macht, die einfachen Menschen hingehen eine andere Welt, und die Mystiker sind bereits in einem anderen Reich verschwunden. Diese Kirche ist eine real existierende Kirche aus einem anderen Reich, einer anderen Welt. Und dennoch präsentiert sie eine wichtige Botschaft für diese Welt.
Erstaunlich, dass Ende des neunzehnten Jahrhunderts so magische, mythologische, vielfältige Kunstformen aufgetaucht sind. Wie nüchtern und geistig öde ist dagegen so vieles aus dem zwanzigsten Jahrhundert. War es nur ein Spiel mit der farbigen Vielfalt – oder war es geistig mehr, so wie ich es deute? Wie auch immer, für mich ist jedenfalls die Botschaft die, die komplexe Vielfalt zu würdigen. Würde ich eine Kirche ausmalen, dann würde ich sicher über den rein christlichen Rahmen hinausgehen. Buddha und Laotse und Yogananda dazunehmen. Und vieles, vieles mehr. Wahre Universalität umfasst alles auf der Erde. Die Erde ist der Planet der Vielfalt. Das Reich der Spiritualität ist ein Reich der Vielfalt. Mein kosmischer Christus ist ein Vertreter der Vielfalt der Formen und Wege. In dieser Kirche drückt sich der Gedanke sehr schön aus. Man muss ihn nur noch auf die ganze Welt übertragen. Alles integrieren, weil es letztendlich dazu gehört. Das Zeitalter aller Einseitigkeiten, aller rigiden Abgrenzungen sollte

vorbei sein. Aber ich höre sie schon schreien und schimpfen und ihre Steine schmeißen, die Erzkonservativen, die Orthodoxen, die Hardliner aller Couleur. Na ja, mit Christus hatte das noch nie was zu tun. Den haben sie ans Kreuz genagelt, ihr Kreuz, ihr Folterwerkzeug! Die Wahrheit bleibt die Wahrheit. Die Wahrheit des Waldes ist die geheimnisvolle Vielfalt und Schönheit!

Über dem stehenden Christus steht der lateinische Satz: Deliciae meae esse cum filiis hominum. Der Satz ist aus den Sprichwörtern, 8/31: meine Freude war es bei den Menschen zu sein, so lautet es in der Einheitsübersetzung. Jesu Freude war es, bei den Menschen zu sein, bei allen, weißen und schwarzen, gelben und roten. Gerade heute muss es so gedeutet werden. Und noch weiter gedacht: Meine Freude war es, bei allen fühlenden Wesen zu sein. Allen Wesen Licht und Kraft und Orientierung zu geben. Und eine neue Mitte der Ordnung und Harmonie.

Das Christentum ist die einzige Weltreligion, die wirklich alle Menschenwesen integrieren kann und will. Die anderen sind und bleiben, bei aller tatsächlichen oder nur beanspruchten Universalität, am Ende doch zu sehr auf eine Rasse, eine Kultur, eine Region der Erde fixiert. Meiner Ansicht nach muss die Idee der Integration noch stärker, intensiver und auch offensiver verfolgt werden. Ob das alle wollen, ist natürlich eine andere Frage. Fundamentalisten und dogmatische Hardliner wollen es nicht, behindern seit je fortschrittliche Entwicklungen, was aber nichts daran ändert, dass der humanistische Fortschritt nur in dieser Richtung liegen kann. In diesem Sinne bekommt das alte Sprichwort eine neue, progressive Bedeutung.

Hinter der Christusfigur findet sich ein gemaltes Ornamentkreuz. Im Zentrum das Christusmonogramm HIS. Um das Kreuz die Marterwerkzeuge Christi, Geißel, Dornenkrone, Essiggefäß und Schwamm, Nägel und Hammer. Um das Ornamentkreuz dann eine Vielzahl von christlichen Symbolen, die mit Schlangenlinien verbunden sind. Alles ist miteinander verbunden, ineinander verschlungen, wie das Muster eines vielfältigen Teppichs. Darüber der blaue Sternen- und Kristallhimmel. Die Ornamentik sehe ich als Bestätigung meiner Deutung der Christusfigur an.

Das im Zentrum stehende Herz darf nicht als nur einfaches Gefühl, als bloße emotionale Anwandlung missverstanden werden. Dies Herz ist die intelligente Mitte eines komplexen Systems. Wer die Ornamentik nur als Spiel mit Formen versteht, der erkennt nicht das Eigentliche, nämlich die vielfältige Entfaltung aus der höheren, universellen Einheit.

Auf den beiden Apsisfenster sind Engel dargestellt. Botschaft des göttlichen Lichtes. Sehr starke, magische Kirchenfenster, wie auch die anderen. Sie vermitteln ein kraftvolles, inneres, intensiv farbiges Licht! Das Licht der Wahrheit kommt aus einer inneren Erleuchtung des Geistes. Aus dem meditativen Brennpunkt heraus entfaltet sich das Licht der Farben. Innere Prozesse werden so in dieser Kirche im Äußeren, Sichtbaren deutlich gemacht.

An der westlichen Seite des Triumphbogens hängt ein großes, hochformatiges Marienbild. Maria, die auf einer Wolke im Reich des Himmels steht, neigt den Kopf zur linken Seite, meditativ und in sich versunken. Auf ihrem Arm sitzt Jesus in weißem Gewand mit klaren, hellen Augen und schaut den Betrachter an. Seine rechte Hand berührt zart Marias Handgelenk, ihre rechte Hand ruht behutsam auf dem Bauch von Jesus. Zarte, zärtliche Körpersprache einer seelischen Verbundenheit, einer seelischen Einheit. Die linke Hand von Jesus ist ausgestreckt und geöffnet, einladend. Durch Meditation und Behutsamkeit schafft man die innere Verbundenheit und Einheit der Herzen. Das ist die gelebte Seligkeit.

Sowohl im Christentum als auch im Buddhismus steht bisher zu sehr der einzelne Mensch im Zentrum. Der Einzelne sucht seinen Weg zu Gott, oder zur Buddhanatur. Die Einheit von Mutter und Kind ist die ursprüngliche Einheit. Jeder kennt sie und akzeptiert sie, vor allem in der katholischen Kirche. Wo bleibt die Einheit von Mann und Frau könnte man fragen? Warum kann man nicht den reifen Jesus mit Gefährtin ins Zentrum stellen? Was genau behindert diesen Schritt? Ich kann mir nicht vorstellen, dass Jesus etwas dagegen gehabt hätte, denn ich kann ihn mir nur souverän vorstellen. Die Feindschaft gegenüber dem Körper und gegenüber der Sexualität hat zu dem heutigen Bild geführt, das ich für ein Zerrbild halte. Diejenigen, die Maria Magdalena akzeptieren, werden mit der Idee keine Probleme haben. Die anderen sollten zumindest ihre Position überprüfen. Alles ist im Wandel. Was mal gegolten hat, muss nicht auch die nächsten 2000 Jahre gelten. Wenn harmonische, ausgewogene Ganzheitlichkeit der Wert der Zukunft sein soll, dann kann das auch für Jesus gelten. Das Zeitalter der Einseitigkeiten und Vereinzelungen sollten wir hinter uns lassen.

„Jesus sah Kinder, die gestillt wurden. Er sagte zu seinen Jüngern: „Diese Kleinen, die gestillt werden, sie sind wie die, die in das Königreich eingehen." Sie fragten ihn: „Wenn wir also wie Kinder werden, werden wir in das Königreich eingehen?" Jesus sagte zu ihnen: „ Wenn ihr die zwei zu einem macht und wenn ihr das Innere wie das Äußere macht und das Äußere wie das Innere, und das, was oben ist, wie das, was unten ist, - und zwar damit ihr das Männliche und Weibliche zu einem einzigen macht, auf dass das Männliche nicht *männlich* und das Weibliche nicht *weiblich* sein wird – wenn ihr ein Auge durch ein Auge ersetzt, eine Hand durch eine Hand, einen Fuß durch einen Fuß und ein Bild durch ein Bild, dann werdet ihr in das Königreich eingehen." (Thomasevangelium, 22)

Man kann es sich vorstellen, die Fragen, die bohrenden Nachfragen seiner Anhänger. Wie meinst du das? Ja, wie meine ich das wohl? Die einen werden so reagiert haben, die anderen anders. Zwischen entrüsteter Ablehnung und schneller Zustimmung wird es hin und her gegangen sein. Er wird es weiter erklärt haben. Er wird es weiter versucht haben. Und vielleicht wird er am Ende doch nur irritierte Anhänger hinterlassen haben. Was meint er eigentlich, weißt du das, verstehst du das, wie meint er das? Weiß auch nicht recht.

Die einen wollen alles nur mit dem Kopf, die anderen nur mit dem Körper. Beide verfehlen es. Die einen wollen alles mit Wörtern erklärt bekommen, die anderen verstehen höchstens bunte Bilder. Und beide verfehlen es. Wer Ohren hat, der höre. Er betonte das oft. Er müsste es heute immer noch betonen.

Mutter und Kind können sich viele als rein und unschuldig vorstellen.

Mann und Frau sicher weniger, oder gar nicht, weil sie ihre verzerrte Leidenschaftsperspektive haben, dabei wäre gerade das ein heilendes Bild. Das Bild der Hochzeit zieht sich als reines Bild durch die Geschichte. Taucht in der Bibel auf. In vielen mystischen Texten. Das eine Fenster zeigt die Kirche als Braut Christi. Eigentlich dürfte das Mann-Frau-Thema überhaupt kein Thema mehr sein. Das ökologische Thema ist viel wichtiger, und interessiert mich mehr, denn es ist das entscheidende Thema für die Zukunft der Erde.

Wann und wie kann man den Wald und die Spiritualität zusammenbringen? Warum steht der Wald nur für Holz, Geld, Nutzung und die Spiritualität für Werte, an die man am Sonntag glaubt? Warum ist der Wald kein spiritueller, heiliger Raum? Ein Jesus, den wir nur in der Wüstenspur des Nahen Ostens sehen, wird uns da nicht helfen können. Wir müssen ihn universalisieren, in Bezug zu unserer Welt, unserer Zeit setzen. Dann werden und können wir ihn als Hüter des Waldes verstehen. Wer ein großes Herz hat, der kann es übertragen, wenn er an anderen Orten ist. So wie der Europäer leider sein engstirniges Herz in die ganze Welt getragen hat. Aber das war der negative Weg in der Vergangenheit. Der positive ist es, den liebevollen Umgang mit der Natur in die Welt zu tragen und überall zu leben.

Aber da müssten wir bei uns anfangen. Wo wird der Wald als **heilig** angesehen? Ich sehe das leider nirgends. Ich sehe und spüre unglaublich viel Brutalität, ob im Elm, im Harz, im Bayrischen Wald, wo auch immer. So mancher Kraftplatz wurde in den letzten Jahren rücksichtslos zerstört. Immer wieder musste ich das feststellen, erleben, ertragen. Die Brutalität der Holzfäller ist grenzenlos. Hinter irgendwelchen Pseudoargumenten geht es am Ende immer ums Geld. Wenn der Wald nicht heilig ist, dann ist gar nichts heilig. Wenn der Berg nicht heilig ist, dann ist gar nichts heilig. Wenn der Sex nicht heilig ist, dann ist gar nichts heilig. Auch dafür gilt das.

Gespräche endeten oft wie das folgende. Mittlerweile habe ich auch keine Lust mehr, mich mit Naturfeinden zu unterhalten. Es bringt absolut nichts.

*

Ich stelle mir vor, Jesus wäre ein Hüter der Wildnis. Einer, der mit den Bäumen, den Steinen, den Flüssen und den Tieren sprechen kann.

Aber ist das dann noch christlich? Wollte Martin wissen.

Kommt es darauf an? Kommt es nicht mehr auf Würdigung und Achtung an, ob wir das nun christlich oder humanistisch oder wie auch immer nennen, kommt es nicht auf die innere Einstellung an?

Das wird vielen Christen nicht gefallen.

Sicher nicht, weil sie ihren Glauben immer noch zu sehr aus einer Einseitigkeit heraus denken und praktizieren, weil sie immer noch zu sehr an alten Paradigmen kleben. Den Metaphern der Nomaden.

Was meinst du denn damit? Fragte Martin etwas verärgert.

All die Stories mit Schafen und Lämmern und geopferten Tieren. Das sind keine guten ökologischen Metaphern und gerade die brauchen wir für die Zukunft.

Bist du gegen die Tradition?

Nicht unbedingt. Aber dann, wenn sie eine richtige Weiterentwicklung behindert. Ich bin für eine spirituelle Weiterentwicklung.

Dann verlässt du sicher das Christliche.

Na und? Dann verlasse ich es eben. Das ist doch kein Selbstzweck. Das muss doch nicht für alle Zeiten so bleiben, oder? Christlich, buddhistisch, hinduistisch und so weiter, das sind Wörter aus der Vergangenheit. Eine ganzheitliche Spiritualität der Erde braucht andere, neue Begriffe. Wenn der Wald nicht heilig ist, kann mir der Rest eigentlich gestohlen bleiben.

Der Wald ist aber das Wilde, Unzivilisierte. Die Natur, die der Mensch beherrschen soll und muss.

Ja, ja, das ist auch so ein altes Muster. Herrschen, beherrschen. Domestizieren, unterdrücken, ausbeuten. All das liegt auf einer Linie. Auf der Blutspur der Geschichte, die ich ablehne, und schon immer abgelehnt habe. Für mich ist der Wald der heilige Raum.

Mir scheint, du siehst zu wenig den Menschen.

Sicher, den herrschenden Menschen stelle ich auch nicht über alles in der Welt. Der hütende Mensch lässt die ursprüngliche Welt der Natur wie sie ist und verändert nur in weit bescheidenerem Maße als bisher geschehen.

In die Steinzeit können wir nicht zurück.

Das ist ein dummes Argument. Es geht um das verlorene Maß. Die Gigantomanie der letzten hundert Jahre ist für mich unerträglich. Ein echtes Umdenken sehe ich bis heute nicht. Das „Gott spielen" der Technokraten ist noch nicht vorbei. Sie spielen ihr Teufelsspiel bis zum Untergang. Ihr eigentlicher Gott ist nicht Gott, sondern Satan. Das ist die Wahrheit. Und Satan ist Geld, Macht, Gier, Sucht, Show und so weiter.

*

Reden, Gespräche führen, endlose Gespräche über endlose Themen, das war einmal mein Berufsleben, 27 Jahre lang. Mir ist das Reden vergangen, auch privat. Entweder jemand weiß sofort, was ich mit **HEILIGER WALD** meine, oder nicht und dann lohnt auch kein Gespräch, weil das Gespräch keine andere Haltung und Einstellung bewirkt. Hinter meiner Meinung stehen Abertausende von Gesprächen. Vor allem im Beruf, aber auch privat. So bleibt meine Vorstellung von Jesus als einem Waldhüter eine einsame Vorstellung.

Der heilige Wald

Der heilige Wald ist
der Wald der nur für sich
sein Wesen finden darf

der keine Kettensägen hört
und kein Geschrei der
lärmenden Menschen

wo die Bäume uralt werden
und erst sterben wenn
ihre Zeit gekommen ist

der heilige Wald ist
eine grüne Welt der
schweigenden Kräfte

dort kannst du sprechen
mit den Ahnen der großen
Buchen und Eichen

den Gräsern und Farnen
und den Strahlen des
gelben Sonnenlichts

dort findest du es
das uralte Zuhause
der heiligen Mutter

Manchmal entdecke ich solch einen „Wald" mitten in der Stadt. So vor einigen Tagen, als ich nach einem Arztbesuch nichts suchend ein wenig herumgegangen war, um dann auf einen alten Friedhof zu gelangen, auf dem sich einige große, alte Eichen befanden und Ahornbäume. Es war ein heiliger Hain. Die Grabplatten und Kreuze und einige moderne Versuche des Menschen waren nicht wichtig, sondern bedeutungslos. Es war ein heiliger Hain mitten in der Großstadt. Und da er nichts Spektakuläres zu bieten hatte, und auch kein Park für Spaziergänger war, konnte sich solch ein Wald entfalten. Ungestört, vergessen, was immer das Beste ist, wenn er einfach vergessen wird. So ist er Ort für die flinken Eichhörnchen und andere Tiere.

Auch auf einer Art Verkehrsinsel, die vielleicht 4000 Quadratmeter groß sein mochte, entdeckte ich solch einen Hain. Mit einem großen Baumhüter, einer alten Kastanie, und weiteren kraftvollen Bäumen, darunter einigen markanten Kiefern. Hoffentlich bleibt sie lange unberührt! Meist finden nur Hundebesitzer und Penner dorthin, hinterlassen ihre Spuren. Ansonsten gehört der Ort den Naturgeistern. Auf einem Ast saßen zwei großen Krähen!

*

Fakten:
Gustav-Adolf-Stabkirche, gelegen in Hahnenklee. Die Kirche, die sich an norwegischen Vorbildern orientiert, ist ganz aus Holz gebaut. Der Erbauer der Kirche ist Prof. Mohrmann (1857 – 1927). „Für diesen außergewöhnlichen Bau standen offensichtlich auch die Vorliebe für Norwegen in der wilhelminisch-romantisierenden Zeit und ein ausgeprägtes Repräsentationsbedürfnis vordergründig Pate. Hierfür bediente man sich der Formensprachen unterschiedlicher Baustile: Die Kirche wird beispielsweise von byzantinischen, mythologisierenden und romanisierenden Imitationen sowie von Jugendstilelementen ausgeschmückt." (Katalog, S 4) Die tätigen Künstler waren: der Bildhauer Hans Seegebarth und der Maler Karl Böhlmann. Eingeweiht wurde die Kirche am 28.6.1908.

Von der äußeren Architektur her, könnte die Stabkirche eine Kirche des Waldes sein. Für viele Besucher mag sie das sein, weil sie ganz aus Holz gebaut worden ist und am Rand des Waldes steht. Aber man sucht einen inneren Bezug zum Walde vergeblich. Vor Jahren stand sie noch mehr im Wald, aber man hat viele großen Fichten abgesägt, damit es um die Kirche herum heller ist. Ein typisches Vorgehen. Viele mögen es nicht dunkel. Es macht ihnen Angst. In unmittelbarer Nähe der Stabkirche gibt es keinen großen Baumhüter. Am ehesten noch die große Fichte in südwestlicher Richtung.

Die Architektur ist sicher eindrucksvoll, außen und innen. Man verbindet sie mit Norwegen. Womit man logischerweise zu wenig Bezug zu der Harzer Umgebung hat. So bleibt es ein Spiel der Phantasie. Man kann von anderen Welten und anderen Zeiten träumen. Wikingerzeiten.

Die Symbole im Inneren der Kirche und die kleinen Figuren des Altares vermitteln keinen Bezug zum Wald, zum Harz. Sie bleiben nur nette Dekoration, ohne spirituelle Kraft. Hier wäre die Gelegenheit gewesen, mit der Natur eine wirkliche Verbindung zu schaffen, nicht nur viel Holz als Baumaterial zu verwenden, aber sie wurde verpasst. Eine Herz-Jesu-Figur aus Holz mit Hinweisen auf den Wald wäre nicht schlecht, aber die evangelische Kirche hat wohl keinen tieferen Sinn für das Konkrete, Elementare, Natürliche. Es bleibt nur äußerer Rahmen, so wie alle Symbole, außen und innen, eigentlich nur Dekoration bleiben.

„Ein besonders eindrucksvolles Werk stellt die Kanzel dar, der Orte von dem das Wort Gottes an die Gemeinde verkündet wird. Die Vorderseite des Kanzelkorbes schmückt ein Kreuz. Aus der Mitte heraus treiben Blätter, die Kreuzbalken bilden große Blüten. So wie das dürre Holz des Kreuzes, an dem Jesus starb, durch seine Auferstehung zum Zeichen des Lebens wurde, so kann durch das Wort Gottes das dürre Holz unserer Kreuze, die wir im Leben tragen, wieder grün und hoffnungsvoll aufblühen." (Katalog S. 19)

Eine dürre Deutung, würde ich sagen. Die Schönheit und archaische Magie des Symbols werden so nicht deutlich. Die Spiralen werden gar nicht erwähnt. Im Grunde ist es ein mystisches Mandala, das hier auf ein oberflächliches Christentum zurecht gestutzt wird. Das Sonnensymbol wurde nicht erkannt. Ganz zu schweigen von der geheimen esoterischen Botschaft des Mandalas. Die Schlangenlinien und Knotenmuster werden nur als hübsche Dekoration begriffen.

Der Innenraum der Kirche hat durchaus etwas Magisches, wie auch der kleine Chorraum. Aber es bleibt für die meisten sicher nur unbewusst und vom Verstand her sowieso nicht gewollt. Man muss es schon wollen, und dann kultivieren. Wen man nur mit Formen und Symbolen spielt, dann kommt eine Imitation dabei heraus, die keine wirkliche Lebendigkeit hat. Schon allein der Name der Kirche ist nichtssagend. Spirituell bedeutungslos.

Magie will gelebt werden. Magie ist tiefes, spirituelles Leben. Als ich vorm Chorraum saß, war das kaum möglich. Es wurde dauernd neben mir, hinter mir geredet. Sie zerreden es, reden es kaputt, lassen nichts zu, lassen nichts wirken. Nun, es ist nicht meine Aufgabe, eine Walt Disney-Imitation zu echtem Leben zu erwecken.

5. Die Kraft der Erde

Hast du nun einen kraftvollen Jesus gefunden, wollte Rüdiger von mir wissen. Einen wirklich positiven, kraftvollen Jesus?

So richtig bisher nicht.

Den wirst du auch nicht finden, weil es für mich eine Religion der Schwachen ist, der Schwächlinge, der Unterdrückten, was übrigens schon Nietzsche gesagt hat, du erinnerst dich vielleicht.

Ja, ich erinnere mich. Zarathustra läst grüßen.

Schau dir doch die Mehrzahl der Kirchenbesucher an. Die alten Frauen. Die Zeit der Schönheit und Kraft ist vorbei. Sie sind alt, verschrumpelt, vertrocknet, haben nur ihre Erinnerungen und den Tod vor sich. Sie suchen ein wenig Trost. Sie wollen auferstehen. Am liebsten mit dem gleichen Körper, den gleichen Fettpolstern und den gleichen Fehlern ihres bisherigen Lebens.

Na, die hast du ja gefressen.

Ach, sie tun mir auch leid. Es ist so erbärmlich, so traurig, sagte Rüdiger zu mir mit Mitgefühl in der Stimme. Sie haben nur das bisschen Hoffnung.

Ich finde es ja auch nicht gut, dass die jungen, kraftvollen Menschen, egal ob Männer oder Frauen, mit Jesus nichts anfangen können. Er hat ihnen wohl nichts zu sagen, bietet keine Perspektive.

Was sollte er ihnen auch sagen? Etwa: knie dich hin und beuge dein Haupt? Das findet jeder ätzend und öde. Die Menschen suchen und wollen eine aufbauende Kraft, die ihnen Spaß und Freude vermittelt. Das Kreuz ist da das genaue Gegenteil. Erinnert einen an das Ende, an das man besser nicht denkt. Jetzt ist jetzt, und heute ist heute. Lustvoll in der Gegenwart leben, das ist ihre Philosophie.

Hedonistisch und materialistisch.

Schön, dass du einen passenden Begriff dafür hast! Bravo! Lachte Rüdiger.

Ich will es damit ja nicht diskreditieren oder diffamieren. Einerseits ist das völlig in Ordnung, dass man Spaß an der Lust und Freude an der Materie hat. Andererseits ist es oft zu einseitig.

Wir danken für dein Zugeständnis.

Nein, nein, es ist wirklich in Ordnung. Das Problem der christlichen Kultur in Europa ist, dass die Spiritualität und die anderen Wirklichkeitsbereiche nicht mehr zusammengehen und zusammenpassen. Das Kreuz und der Spaß passen nicht zusammen, um es metaphorisch auszudrücken.

Wie willst du das auch zusammenbekommen?

Das weiß ich nicht. Die Pole in der Gesellschaft liegen zu weit auseinander.

Und das wird vermutlich so bleiben, betonte Rüdiger. Der Mensch lebt seine Extreme aus. Testet sie aus. Das geht schon eine ganze Weile so und wird noch weiter so gehen. Die oft propagierte Mitte ist für viele langweilig. Wie Mittelmaß und Spießertum! Was dem christlichen Weg für mich einfach fehlt, das ist eine starke positive Kraft, die nicht aus der Welt fliehen will, ins Kloster oder am liebsten gleich ins Jenseits, sondern die in und mit der Erde das Leben gestalten will. Genuss und Gebet müssen verbunden werden.

Wie bitte? Willst du mich provozieren?

Nein, ich will dich nicht provozieren. Ich meine das ernst. Gebet ist die Versenkung, die Stille, die Vertiefung – und das muss irgendwie mit dem Genuss verbunden werden, andernfalls bleibt die Gesellschaft zerrissen in die alten, betenden Frauen, und die jungen, feschen Mädchen, die tanzen und das Leben genießen.

Wie stellst du dir das vor?

Das fängt für die christlichen Kirchen mit der Würdigung und Achtung der Sexualität an. Da ist deren Einstellung doch bis heute mehr oder weniger katastrophal. Wenn diese elementare Lebenskraft und Lebensenergie nicht endlich positiv gesehen wird, dann sollen sie meinetwegen untergehen.
Tun sie das nicht?

Nein, sagte Rüdiger. Sie reden zwar viel von Liebe, aber das ist oft wie ein Hemmfaktor oder eine Art Zensur. Das ursprüngliche Feuer hat eben keinen hohen Stellenwert, sondern nur das Feuer von oben, das Licht des Himmels. Das Feuer der Erde dagegen nicht. Das wird immer noch als gefährlich, problematisch angesehen und nicht als heilig. Shivas Schöpferkraft, also sein Glied, wird in Indien als göttlich angesehen. Kannst du dir in einer christlichen Kirche einen Phallus vorstellen?

Nein. Und noch weniger beides: Lingam und Yoni.

Und genau das ist der Punkt. Wenn das nicht heilig ist, dann ist nichts heilig. Hast du selbst gesagt.

Stimmt. Das Heilige der Christen ist ein Pseudoheiliges. Eine Verzerrung, weil sie nur Teile des Lebens akzeptieren, und den Rest dämonisieren. Ich weiß das, lieber Rüdiger, ich lehne das wie du ab. Die pathologischen Verzerrungen bringen den Menschen nicht weiter. Er mag sie Jahrtausende endlos wiederholen und variieren, aber sie bringen keine Weiterentwicklung!

Du träumst immer noch von der großen Lösung der Menschheitsgeschichte, wie die Idealisten, wie Hegel, wie Novalis. Ich denke, dass wir da immer ein Gegeneinander haben werden. Die einen wollen etwas erneuern, revolutionieren, wie Jesus und alle seine radikalen Nachfolger bis hin zu Bonhoeffer oder Drewermann. Die anderen, die konservativen Leute wollen das nicht. Das ist das Spiel, sagte Rüdiger.

So ist es wohl, objektiv gesehen. Mir persönlich gefällt das Spiel nicht. Vor allem dann nicht, wenn ich an das viele Leid denke, das Leid der verfolgten und unterdrückten Menschen, das Leid der verfolgten und getöteten Tiere. Ich wünsche mir, dass es da endlich einmal Lösungen gibt. Ein ewiges Streiten und Kämpfen kann ich nicht akzeptieren.

Oder du willst es nicht.

Ja, ich will das nicht als Normalfall akzeptieren. Es mag ja eine Idee der Romantiker und Idealisten vor über 200 Jahren sein, dass der Prozess der Geschichte in eine harmonische Phase kommen kann. Wenn das natürlich nicht das Bedürfnis der Menschen ist, sondern eben der Streit, die endlose

Argumentation, das permanente Hickhack, gut, dann haben sie die Welt, die sie verdienen. Dann kann man nur resigniert sagen: „Mein Reich ist nicht von dieser Welt." Dann ist und bleibt das Leben auf der Erde ein „Jammertal".

Eine spannende Mischung, würde ich sagen, Rüdiger.

Ja, ich weiß, du liebst die Dramatik. Ohne Streit kein Theater, kein Kino, keine Filme, keine Unterhaltung.

Die Kraft der Erde kann man nicht in einem Gespräch erfahren. Man kann nicht über sie diskutieren, sondern man muss sie selbst erleben. Das eigene Erlebnis bleibt immer das Entscheidende. Ich kann und will eigentlich nicht mehr mit Menschen reden, die keine Erfahrungen gemacht haben, schlimmer noch, die auch keine machen wollen.

Die Kraft der Erde

du kannst sie spüren
auf den Felsen des Himmels
oben bei den Felsen des Walberla

du kannst sie fühlen
auf den Hügeln des Sandes
der Heide und der Eichen

du kannst sie halten
in deiner Hand im runden
Findling aus Granit

du kannst sie sehen
wie sie Kreise zieht über
dem heiligen Hain

du kannst auf ihr liegen
auf dem weichen Feld
der Birken und Kiefern

du kannst in ihr sein
mitten drin in der Höhle
aus uralten Steinen

auf dem Walberla – Himmel und Erde bilden immer eine Einheit

Die Kraft der Erde ist nicht ohne den Himmel. Die Kraft des Himmels ist nicht ohne die Erde. Das eine bedingt das andere. Den Weg des Himmels kann man nur auf der Erde gehen. Das sind simple Tatsachen, die manche leider immer vergessen, und dann einen Himmelsweg ohne Erde, ohne Bezug zur Erde suchen. Dann wird natürlich alles falsch und verzerrt. Nur die Harmonie von Himmel und Erde bringt den Frieden, die Balance, die Ausgewogenheit, die heilende Mitte. Das wussten schon die alten chinesischen Philosophen. Dem ist nichts hinzuzufügen. Sie haben die ganze Weisheit schon erfasst und notiert. Es gibt nichts Neues, es gibt nichts Besseres, auch wenn der große „Klugscheißer" im menschlichen Bewusstsein, der VERSTAND, immer meint, er hätte jetzt eine neue, tolle Methode, noch nie da gewesen und er wüsste jetzt genau, wie es zu machen wäre. Er lügt und betrügt und stiftet nur Verwirrung. Das ist der missratene Sohn der göttlichen Schöpfung. Ich meine den Teufel, Satan, damit das ganz klar ist. Der Teufel ist intelligent. Sehr intelligent. Man schaue sich die intelligenten Leute an und frage sich, wozu und wofür sie ihre Intelligenz nutzen, was hinter ihrer Intelligenz steckt, welches Interesse, welche eigentliche Motivation sie verfolgen.

Jesus war ein Mensch der Erde. Brot und Wein, der Leib und das Blut. *Das ist der Leib Christi!* Das ist sehr elementar, erdverbunden. So verstanden ist das Fronleichnamsfest mit der Prozession ein Fest der lichten Erdverbundenheit. Jesus hat seine Herzensintelligenz für die Gemeinschaft eingesetzt, „geopfert", völlig hingegeben. Die Gemeinschaft der Menschen und die Gemeinschaft von Himmel und Erde.

Ein Beispiel für diesen universellen Geist, der alle Dimensionen des Lebens ansprechen möchte, ist das folgende Lied. Ich zitiere drei Strophen:

Erfreue dich Himmel, erfreue dich Erde,
erfreue sich alles, was fröhlich kann werden.
Auf Erden hier unten, im Himmel dort oben,
den gütigen Vater, den wollen wir loben.

Ihr Sonnen und Monde, ihr funkelnden Sterne,
ihr Räume des Alls in unendlicher Ferne.
Auf Erden hier unten, im Himmel dort oben,
den gütigen Vater, den wollen wir loben.

Erd, Wasser, Luft, Feuer und himmlische Flammen,
ihr Menschen und Engel stimmt alle zusammen.
Auf Erden hier unten, im Himmel dort oben,
den gütigen Vater, den wollen wir loben.

(kompletter Text: Gotteslob, 259)

Wer eine Fronleichnamsprozession aus der Distanz betrachtet, mag nur lächeln, wer die Lieder ehrlich und aufrichtig mitsingt, sieht das Ritual gänzlich anders und erlebt die verbindende Sonnenkraft von Jesus. So gesehen ist die goldene Monstranz nicht nur ein alter Ritualgegenstand, sondern sie enthält die immer neu zu schaffende, alle Menschen und die Natur verbindende Kraft.

Jesus, die Sonnenkraft der Erde.

Das alles verbindende Feuer des Lebens.

Das integrale Feuer des Herzens.

Ohne eigene Erfahrungen wird man das nicht nachvollziehen können. Man muss die Erfahrungen selbst machen.

Als Lehrer habe ich mich viele Jahre gefragt: Wie kann man weiterkommen? Wie kann man höhere Dimensionen des Bewusstseins vermitteln? Theoretisches Wissen bringt nichts, wenn Meditation und andere konkrete Erfahrungen nicht erlaubt, nicht gewünscht, nicht gewollt sind. Man kann lange darüber reden, wer Jesus war und ist, man kann immer wieder die Bibel zitieren, aber das nützt alles gar nichts, wenn der eigene Erfahrungshorizont eng und begrenzt ist.

Das ist und bleibt die Illusion der Kopfkultur zu meinen, man könne allein durch Denktätigkeit und Diskussion eine Veränderung des Bewusstseins bewirken. Es kommt aber mehr auf konkrete Praxis, konkrete Erfahrungen an. Ohne diese hat man bestenfalls eine Vorbereitung.

Erfahrungen sind das gelebte Leben. *Durch ihn und mit ihm und in ihm ist dir, Gott, ...* Wer die Heilige Messe kennt, kennt sofort die Stelle, hat sofort den Gesang im Kopf. (Wer nicht: Gotteslob, S. 386) Es sind nicht hingesungene Formeln, es sind innere Erfahrungen. Es sollten, es müssen die eigenen werden und sein.

Warum haben Erfahrungen einen so schlechten Stellenwert? Warum ist man so fixiert auf objektive Beweise, wie in der Physik oder Chemie? Weil die eigenen Erfahrungen, die eigenen Gotteserfahrungen die Menschen frei und selbständig machen würden, frei von den Manipulationen, den Indoktrinationen. Wer starke, innere Erfahrungen hat, der lässt sich nichts mehr vorlügen, der glaubt nicht mehr irgendwelchen schönen Worten, rhetorisch verpackt, denn er lebt aus dem Feuer der inneren Wahrheit heraus. *Ich bin gekommen, um Feuer auf die Erde zu werfen.* (Lk 12,49)

Wenn solch ein Mensch dann von sich sagt, er sei DER SOHN GOTTES, dann tobt der rechtgläubige Durchschnittsmensch und der rigide Dogmatiker ruft auf zur Kreuzigung. Manchmal frage ich mich, warum Jesus überhaupt die spirituellen Dummköpfe, und sie sind wirklich nur das gewesen, mit seiner Erfahrung konfrontiert hat. Aber es war sein Weg, der Weg der Reibung, der brutalen Konfrontation, wobei er das Opfer war. Das Muster findet sich auch in unserer Zeit, wenn sich mancher tibetische Mönch von den chinesischen Faschisten brutal zusammenschlagen und ermorden lässt, weil er seine innere Wahrheit hat, die für ihn der Maßstab ist, und nicht eine Ideologie, nicht die Wirtschaft und schon gar nicht das Geld. Ob der Märtyrerweg die Welt bessert oder gar erlöst, ich bezweifele das. Die Märtyrer sind ermordet worden, wie Stephanus von den Juden (Apostelgeschichte 7 lesen!) und viele nach ihm. Aber hat es die Gesellschaft bis heute wirklich verbessert? Herrschen nicht immer noch die Rücksichtslosen, die Egoisten, die Geldmenschen, die Machtmenschen?

6. Südtirol – ein spirituelles Land

Südtirol gehört seit vielen Jahrzehnten für mich zu den Ländern Gottes. Es ist wie eine Art mitteleuropäisches Tibet, wenn man es so sagen kann. Tibet war immer ein sehr spirituelles Land, zumindest in der Vergangenheit, oder in meiner Vorstellung, oder in den Büchern von Lama Anagarika Govinda. In Südtirol war für mich Spiritualität immer spürbar, sehr anwesend. Das lag, das liegt zum Beispiel an den Feldkreuzen. Und den markanten Bergen, die wie Gottheiten ihre Botschaft in die Welt schicken. Wie gigantische Buddhas aus Stein ruhen sie, strahlen ihre Kraft aus. Es sind heilige Berge.

Die heiligen, roten Berge bei Sedona in Arizona sind damit vielleicht vergleichbar. Jedenfalls kann ich sie damit vergleichen, weil ich sie besucht habe. Auch dort ist heiliges Land, Apachenland. Für die Reichen dort, ob esoterisch oder nicht, ist es vermutlich nur eine grandiose Kulisse zum Anschauen vom Wohnzimmerfenster aus. Ob sie eine tiefe, spirituelle Beziehung zu den Bergen haben, möchte ich eher bezweifeln. Diese haben aber auch nicht alle Indianer nur deshalb, weil sie indianisches Blut haben.

Der Südtiroler ist natürlich kein Indianer, aber er ist vielleicht sehr stark mit seiner Heimat verbunden, mit den Tälern, den Bergen und überall ist Gott anwesend, überall sind Zeichen Gottes, von der Kirche im Tal bis hinauf zum Gipfelkreuz. All das ist Ausdruck einer tiefen Spiritualität. Sicher, ich weiß auch, dass mit den Skitouristen viel Geld gemacht wird und die Reichen nur am Geld und noch mehr Geld interessiert sind; aber dennoch habe ich hier an vielen Orten eine intensive, gelebte Frömmigkeit gespürt. Ob das nun tatsächlich so ist, kann ich nicht beurteilen. Vielleicht war es das auch mehr, vor Jahrzehnten, als es noch arme, kaum erreichbare Dörfer gab, in denen Spiritualität die Gegenwelt der Hoffnung, der Befreiung und der Erlösung war, sein musste, weil das Leben erbärmlich und schwierig und voller Leid war. Wer im Satten, im Fetten lebt, braucht keine Spiritualität. Er wird nur fett, lahm, träge, bequem und hasst im Grunde jede Veränderung seines Zustandes.

Ich habe vor vielen Jahrzehnten Bergdörfer gesehen, wo ich mich gefragt habe, wie und wovon können Menschen hier nur leben. Im Verhältnis zu denen war ich reich. Aber ich habe schon als Jugendlicher gespürt, dass ihre Bewohner eine innere Kraft hatten, eine Verbundenheit mit Jesus, Maria und Gott, die viel stärker war als alles, was ich jemals in Norddeutschland kennen gelernt hatte.

Südtirol ist ein Land des Lichts. Es gibt Gegenden, die sind das genaue Gegenteil, dunkel, deprimierend, bedrückend. Gerade im Gebirge gibt es Ecken, die sind und bleiben dunkel. Südtirol ist ein Land der Sonne, was nicht zuletzt durch den Obst- und Weinanbau bewiesen wird. Aber darum geht es mir nicht so sehr, sondern um den spirituellen Charakter einer Landschaft. In Südtirol gibt es eindeutig eine starke Verbindung zur göttlichen Dimension. Die Natur gibt es vor, der Mensch setzt es um. Die Menschen, die in Gegenden leben, in denen die Natur das nicht vorgibt, sind benachteiligt. Sie können vom Charakter der Landschaft her gar keine richtige Spiritualität entwickeln. Das ist wie bei den Pflanzen, die dann dort nicht auftauchen, oder wenn man sie doch dorthin pflanzen sollte, dann gedeihen sie nicht wirklich gut. Die Pflanze braucht die richtige Umgebung – der spirituelle Mensch ebenso.

Es gibt Landschaften, die voller spiritueller Zeichen sind. Ein sehr starkes Beispiel dafür ist Irland, weil dort die Erdgeschichte und die Kulturen der Menschen viele Zeichen, Symbole hinterlassen haben. In Südtirol mag es nicht so sehr auffallen. Aber von den Flusstälern bis hinauf zu den Bergspitzen und den Gipfelkreuzen gibt es viele Orte der Kraft. Wer sehen kann, der sieht es. Man darf sich nur nicht ablenken lassen von touristischen Oberflächlichkeiten, wie den Seilbahnen und den Parkplätzen. Auf den ersten Blick beherrschen diese natürlich die gegenwärtige Zeit und die nächste Zukunft. Ob das so bleiben wird, wird man sehen. Wenn mehr Menschen die Hohlheit der Konsumkultur und die Sinnlosigkeit und Beliebigkeit eines multikulturellen Chaos erkennen, dann könnte sich daran etwas ändern. Noch sind die alten Wurzeln da, noch sind sie nicht tot.

Feldkreuze und Gipfelkreuze sind nur Wegweiser, die uns auf eine spirituelle Dimension hinweisen. Sie erinnern uns daran, dass das Leben von viel Leid geprägt ist und dass dieses Leid völlig überwunden werden kann. Das deckt sich genau mit der buddhistischen Botschaft, bei der es darum geht Samsara, die Tretmühle des Lebens, zu überwinden, um Befreiung und Erlösung zu erreichen. Je intensiver man über Jesus oder Buddha, die beide menschliche Repräsentanten des universellen Geistes waren, den Kontakt zur höheren Dimension herstellt, desto mehr kann man das „Reich Gottes" oder die „Buddhanatur" in diesem Leben realisieren. Wer das anstrebt, der geht den Weg des Himmels.

Bäume, Felsen, Bergformen, Berggipfel und vieles mehr können spirituelle Zeichen sein. Der Indianer kennt und erkennt sie, weil für ihn, sofern er noch ein echter Indianer ist, und kein fetter Fast-food-Indianer, die Natur heiliger spiritueller Raum ist. Die Landschaft ist für ihn ein sakraler Raum. Und alle groben Umgestaltungen und Zerstörungen sind logischerweise dann ein Kapitalverbrechen, Sünde, Gotteslästerung etc. Für mich ist die Landschaft von Kindheit an sakraler Raum gewesen. Das musste ich von niemandem lernen. Lernen musste ich nur die Begriffe dafür.

Die Red Rocks (sie heißen wirklich so) in Arizona sind heiliges Land, was nicht nur die dort lebenden Apachen so sehen. Aber die White Rocks in Südtirol oder die Grey Rocks im Harz sind es auch.

Wenn wir Jesus, Buddha oder einen Heiligen mit der Landschaft verbinden, dann bietet sich die Metapher vom *Hüter* an. Der Hüter einer Landschaft, eines Berges, einer Quelle, eines Flusses, einer Höhle. So verbinden wir die Landschaft mit der Spiritualität. Wir selbst, jeder einzelne, ist ebenfalls ein Hüter. Eigentlich ist das der Hirte, der gute Hirte. Der Hirte, der sich um seine Tiere kümmert, auch um das schwarze Schlaf, um das verlorene Schaf.

Der Hüter möchte einen heiligen Raum bewahren, ein ganzheitliches Paradies. Die Landschaft ist dann schön gestaltet, menschlich, harmonisch ausgewogenen. Nichts ist übertrieben, nichts ist einseitig.

Das Feldkreuz vor der Alm

am Ende der schmalen Straße
findest du ein kleines Dorf
ein paar Bauernhäuser nur

am Ende des Schotterweges
hinter dem Dorf findest du
das Feldkreuz bei der Alm

hier endlich beginnen sie
die Pfade die weiter hinauf
dich führen in die Felsen

du steigst ins stille Reich
der Gämsen und Murmeltiere
der schweigenden Lärchen

das Kreuz ist ein Wegweiser
in eine höhere Welt in der
alles überwunden ist im

Himmel und doch bleibst du
verbunden mit der Erde
der schönen der geliebten

du fühlst den göttlichen Geist
in den braunen Kühen und
den Gräsern und Kräutern

die Glocken sie klingen
in deinem Herzen und
die Welt ist heil und ganz

Das Gipfelkreuz

viele Gipfelkreuze
habe ich gesehen vom
Lusen bis zum Karwendel

dieses steht auf einem der
magischen Berge wo
einst sich erschossen

die Österreicher und Italiener
vergessen ist es längst aber
Spuren sind in der Luft

hier ist die Grenze der
Sprache der Kulturen
von Norden und Süden

an der steilen Abbruchkante
steht das eiserne Kreuz auf
den weißgrauen Kalkfelsen

hier erkennst du das
zartgelbe Licht hinter
den wandernden Wolken

man muss nicht leben
und in dieser Zeit des
Wahns schon gar nicht

von hier fliegt deine Seele
fort ins Sonnenland der
besseren Zeiten

Hinweis: Lusen, Karwendel und der beschriebene Berg sind real existierende Orte. Konkrete Realität und symbolische Realität ergänzen sich zu einer Einheit.

7. Die radikale Befreiung

„Söhne Gottes werden...", (siehe Römerbrief 8) so heißt es in der Bibel. Nehmen wir das ernst, dann muss jeder, Frauen und Männer, ein Jesus, ein Buddha werden. Leider nehmen viele Christen und viele Buddhisten das gar nicht richtig ernst, sondern beten nur ein unerreichbares Ziel an. Es kommt aber, denke ich, darauf an, dass sich jeder mehr und mehr vervollkommnet, mehr und mehr zu einem Hüter, einem Heiligen wird. Das ist die richtige *Nachfolge* Christi, nicht das schafdumme Hinterhertrotteln. Mit nachgeplappertem *Mäh, Mäh* kommt man nicht weiter. Und das muss man sich mal ansehen, wie viel nur *Mäh, Mäh* ist, in allen Bereichen der Gesellschaft, nicht nur in den Kirchen, Moscheen und Tempeln. Da in den Kulturen der Welt alles immer für Machtzwecke missbraucht und manipuliert wurde, ist es nicht einfach, das Eigentliche herauszufinden. Aber ich behaupte von mir, dass ich das richtig sehe, weil ich aus innerer Gewissheit heraus denke, lebe, schreibe und große Geister wie Osho und Yogananda auf meiner Seite weiß.

Wollen wir eine Gesellschaft der sich befreienden und vervollkommnenden Menschen – oder wollen wir weiter mit der Automatisierung machen? Das ist die Frage unserer Zeit. Die Maschinenkultur will den Automaten, will alles und jedes automatisieren. Vom Mastschwein bis zum Konsumenten. Die automatisierte Nahrungskette. Das geistige Befreiungsprogramm sieht anders aus, steht z.B. im oben genannten Römerbrief 8. Zwei markante Sätze:

„Denn alle, die sich vom Geist Gottes leiten lassen, sind Söhne Gottes." (Römer 8,14)

„Denn die ganze Schöpfung wartet sehnsüchtig auf das Offenbarwerden der Söhne Gottes." (Römer 8,19)

Anders als in der Einheitsübersetzung, schreibt Martin Luther: Gottes Kinder. Wer vom Manipulationsgeist geprägt ist, wird die Sätze entsprechend deuten. Ich deute sie im Sinne von Selbstbefreiung, einer radikalen Selbstbefreiung, die über sich nichts mehr sehen und anerkennen will als den allerhöchsten, universellen, kosmischen Geist. Für manche mag es nur um Söhne gehen – das ist heute natürlich absolut indiskutabel. Für andere mögen die Kinder immer nur Kinder bleiben, dressiert, geschult und heutzutage mit modernen Kompetenzen ausgestattet, um dann pseudo-erwachsene Kindermenschen zu werden, die letztendlich nur Funktionsrädchen in der großen multifunktionalen Mega-Maschine sind. Eine wirkliche Selbstbefreiung und Entwicklung ist das noch lange nicht. Diese besteht auch nicht darin, ein bisschen denken zu können, ach, diese Denker, diese Schriftgelehrten, oder ein paar esoterische Techniken und Allerweltsweisheiten, ach, all diese Heiler, gelernt zu haben. Es verlangt schon mehr, alle Ängste, alle überholten Paradigmen, alle Pathologien, alle Passionen hinter sich zu lassen. So schnell ist man kein Jesus, kein Buddha, auch wenn man es im Grunde längst ist, aber eben nur von der Anlage, der Potentialität her. Sie zur Blüte zu bringen, das braucht Zeit. Für Buddha kam es nicht auf die Zeit an, es konnte viele Leben dauern, viele Existenzen. Für Jesus, der radikaler und auf Konfrontation aus war, musste die Umkehr, die Wende jetzt und hier und heute und sofort geschehen. Komm mit! Lass dein Scheißleben als Fischer sein! Lass dein Scheißleben als Zöllner sein! Verkauf dich nicht länger, prostituiere dich nicht länger, betrüg dich selbst nicht länger, mach Schluss, jetzt, sofort.

„Ein anderer aber, einer seiner Jünger (= Anhänger), sagte zu ihm: Herr, lass mich zuerst heimgehen und meinen Vater begraben! Jesus erwiderte: Folge mir nach; lass die Toten ihre Toten begraben!" (Mt 8,21)

Bei diesem Zitat frage ich mich wieder: wem folgen die Christen eigentlich nach? Zynisch würde ich sagen: den Totengräbern. Den Führern und Verführern, den Showmastern oder ihrem *personal trainer*. Fuck them! Das hätte Jesus gesagt, wenn er ein Amerikaner gewesen wäre. Er hat bestimmt geflucht, über die Lahmarschigkeit und Trägheit. Und gleich darauf hat er einen Witz gemacht und gelacht, denn er war ein wilder Mann. Warum stehen in der Bibel keine Witze? Bei Osho stehen Witze. Lies Osho – und lach drüber!

„Darin zeigt sich die Größe des wilden Mannes, dass er seine ganze Existenz in die Waagschale wirft, damit das Leben siegt. Die Pharisäer aber bestätigen mit ihrem Todesbeschluss, was Jesus in ihren Herzen gesehen hat: Sie sind innerlich tot und wollen daher den, der Leben schenkt, töten. Sie zeigen, dass ihre Frömmigkeit hartherzig ist und Leben vernichtet, anstatt es zu heilen." (Grün, Bilder S.82) So steht es bei Anselm Grün in dem Kapitel: Jesus, der wilde Mann. Dann wird ein wenig aus Matthäus 23 zitiert, aber das Kapitel sollte jeder selbst ganz lesen, um die wilde Kraft, die scharfe Kritik von Jesus zu spüren. Nichts ist besser als das Original. Jesus war ein radikaler, zorniger, von heiligem Zorn erfüllter Kritiker des falschen Systems. Die Heuchelei ist heute immer noch vorhanden. Das falsche System ist mehr denn je ein falsches System. Es tut nur so, als wäre es human, gerecht, ausgewogen oder was auch immer, es tut immer nur so, um uns für die Machtinteressen der Herrschenden zu manipulieren. Es ist alles noch so verlogen wie vor 2000 Jahren! Jesus, der wilde, langhaarige Hippy, der das ganze System ablehnt, den Kapitalismus, den Materialismus, die geheuchelte Spiritualität, das kommt dem wahren Bild näher als der angepasste, zensierte Jesus. Wie gesagt: Matthäus 23 ganz lesen! Jetzt, sofort!

Aber wenn man sich nicht bewegen und ändern will, dann wird alles so bleiben wie bisher. Was hat der Konfrontationskurs von Jesus gebracht? Hat sich sein Volk geändert? Gibt es heute eine Wende, eine Umkehr? Wollen die Menschen eine von Peace, Love and Understanding geprägte Gesellschaft, wie es einst die Hippies wollten und wie es sich in JESUS CHRIST SUPERSTAR ausdrückt? Nein, der eine will seine hohe Position, der andere das Geld, der dritte ein Intrigenspiel inszenieren, der vierte eine kleine Perversion ausleben und so weiter, man muss das gar nicht alles auflisten. Ein endloses Programm von Abartigkeiten. Seit der Antike! Die dekadenten Römer sind unter uns! Die dekadenten Fürsten sind auch unter uns! Sogar die perversen Faschisten sind unter uns! Sie sind alle noch unter uns, die wiedergeborenen Schweine!

Warum hat sich Jesus überhaupt auf die Konfrontation eingelassen? Hätte er sich nicht besser zurückgezogen mit seinen Anhängern? Eine kleine Landkommune irgendwo im Abseits? Er hat es nicht getan. Damit haben wir bis heute ein Mysterium, eine Aufgabe, eine Mahnung, welche die meisten zur Seite schieben und mit der sie nicht beschäftigen wollen, sondern mit ihren Geschäften, ihren Spielen um Geld und Macht und hohe Positionen. Power, Sex and Fighting – das sind ihre Begriffe. Power, sex and fighting – das ist ihr Mantra. Peace, Love and Understanding geht in eine andere Richtung, in die von gate gate paragate parasamgate bodhi svaha!, d.h. übersetzt: gegangen, gegangen, hinübergegangen, völlig hinübergegangen, erwacht, halleluja! Hat Jesus keine Mantren gelernt – oder sind sie untergangen, der Zensur zum Opfer gefallen? Zumindest geht das Reich Gottes in diese Richtung. Ich kann mir gut vorstellen, dass er in Indien, in

Kaschmir war, aber warum er dann keine Mantren mitgebracht hat, ist mir unverständlich.

Aber ein Mantra bringt nicht automatisch die Befreiung. Man kann es einfach nur stumpfsinnig nachplappern. Dann bleibt es nur ein Spielchen, und die spirituelle Befreiung findet nicht statt, sondern eine innere oder äußere Sabotage. Satan betreibt auf der Erde ein gigantisches Sabotagenetz. Kaum entsteht ein guter Impuls, sofort gibt es ein Sabotageprogramm, ein Versuchungs- und Verführungsprogramm, das den guten Impuls zerstören will.

8. Die Wiederentdeckung des Hippy Geistes

Ho sanna hey sanna
Sanna sanna ho
Sanna hey sanna ho sanna
Hey J.C., J.C.
You´re alright by me
Sanna ho sanna hey
Superstar

So singen sie es im Film JESUS CHRIST SUPERSTAR, als Jesus in Jerusalem einzieht. Aber wie sie es singen, das ist die Botschaft des Filmes. Und wie sie aussehen, die es singen, das ist die Botschaft des Filmes. Beides muss man sehen und hören.

Sie singen es indianisch, schamanisch, ekstatisch. Kein toter Kirchengesang. Kein lahmes, schleppendes Dahingesinge, sondern frei und lebendig, frei und elementar. Man stelle sich kein altes Kirchenmütterchen vor, das Hosanna krächst und dann hustet, sondern einen Indianer mit nacktem Oberkörper, heya heya ho sanna hey sanna ... laut und wild und ungezähmt.

Die singende Gruppe ist kunterbunt, lauter leuchtende Farben. Vor dem Bunten und den langen Haaren, davor hatten sie damals Angst, das haben sie damals gehasst, meine Lehrer, meine Eltern, all die Anzug- und Krawattenträger. Sie hassen es immer noch, das Ungezähmte, das nicht Domestizierte, das Wilde. Heute haben sie einen noch viel besseren Unterdrückungsapparat geschaffen, vor allem mit den subtilen Formen der Unterdrückung und Ablenkung, welche die meisten gar nicht durchschauen. Aber die Idee der wilden Gruppe bleibt. Sie kann immer und überall reaktiviert werden. Die Sprengkraft der Idee kann gezündet werden. Und wenn sie richtig gezündet wird, dann zerfetzt sie die erstarrte Spießergesellschaft, die tote Automatengesellschaft.

Jesus singt dann:

Sing me your songs
But not for me alone
Sing out for yourselves

For you are blessed
There is not one of you
Who cannot win the kingdom
The slow the suffering
The quick the dead

Jeder kann das Reich der Freiheit erreichen. Das ist nicht der Betrug der kapitalistischen Gesellschaft, wo die meisten zu den Verlierern gehören, weil die Mächtigen gar nicht wollen, dass alle frei werden. Nein, hier gilt es wirklich für jeden. Dies ist die Idee einer gänzlich freien, befreiten Menschheit, einfach so, jetzt, heute, spontan, und vor allem unkompliziert. Nicht irgendwann einmal, nach jahrelangem Studium oder jahrzehntelanger Kriecherei im Staub vor den Mächtigen, nein, jetzt und hier und sofort. Express yourself, live your own life. Das war die Botschaft. Das ist sie!

Jesus, der Guru der ultimativen Selbstbefreiung.

Aller!

Und da liegt der Unterschied, denn die Kirchen, die Kapitalisten, die Verkäufer der Weisheiten weltweit, sie wollten es meist nicht für alle, sondern für wenige Auserwählte, für diejenigen, die würdig waren, die es bezahlen konnten, die das nötige Geld hatten. Von den römischen Kaisern bis zu den modernen Esoterikern, immer wurde nur verkauft, immer wurde nur ein Geschäft gemacht. Das Geschäftemachen ist die Geißel der Menschheit.

The rocks and stones will start to sing, so singt er. Die ganze Natur muss von der Knechtschaft befreit werden, von der massiven Unterdrückung und Ausbeutung durch die gierigen Machtmenschen. Im Film wie in der Realität setzen sich Letztere durch und Jesus ist für sie nur ein *misguided martyr*, denn bei ihnen kam und kommt seine Befreiungsbotschaft nicht an, sie blocken den Impuls ab und zerstören ihn, immer wieder und wieder, seit Jahrtausenden.

Ho sanna hey sanna
Sanna sanna ho
Sanna hey sanna ho sanna
Hey J.C., J.C.
You´re alright by me

Sanna ho sanna hey
Superstar

Das muss ein wilder und freier, ein gemeinsamer Befreiungsgesang werden und sein. So präsentiert es der Film, so müssen es die Menschen umsetzen. Wenn sie nur stumm nach Hause schleichen und weiter vor den Mächtigen kuschen, dann passiert gar nichts.

Der Film endet natürlich nicht positiv, so wie die Geschichte nicht positiv geendet hat. Warum der Weg der Menschengemeinschaft nicht weiter verfolgt wurde, das halte ich für eine sehr wichtige Frage. Warum ist Jesus dann den Weg der Konfrontation gegangen? Could we start again please? So singen sie im Film. Could we start again please? Warum lief es in die falsche Richtung? Man deutet Opfer, Kreuzigung, Tod und Auferstehung im Allgemeinen positiv, als eine sinnvolle Geschichte. Ist sie das wirklich? Sind die Menschen besser geworden, haben sie sich geistig befreit? Haben wir eine humane Gesellschaft? Haben wir eine gerechte Gesellschaft? Haben wir Harmonie und Frieden auf Erden? Eine universelle Menschengemeinschaft ist bis heute nicht entstanden, weil es immer nur Kriege und Konfrontationen gab und gibt.

In jeder Menschengruppe gibt es immer unterschiedliche Tendenzen. Der Film zeigt die Tänzer und Sänger, die eine freie Gemeinschaft im Hier und Jetzt wollen, Ekstase und Lebensfreude, und dann Judas, der innerlich zerrissen ist, abseits steht, beobachtet, skeptisch ist, nachdenkt und nachdenkt, und mehr eine politische, soziale Lösung möchte, also eine andere Gesellschaft, eine bessere, gerechte Gesellschaft, und Jesus, der etwas ganz anderes will, den es dahin treibt, den Tod zu überwinden, den extremsten Weg zu gehen, womit er sich von den Tänzern entfernt, um sie verwirrt zurückzulassen, bzw. ihn diese verlassen, so wie sich nach der Brotpredigt (Johannes 6, 22-71) und den problematischen, provozierenden Äußerungen viele vom ihm abwendeten.

Express yourself – das verstehen die meisten Menschen auch heute als ein irdisches, ein erdverbundenes Lebensprogramm. Lebendig und vital. Intensiv erfahrene Lebensfreude. Warum hat er nicht darauf den Akzent gesetzt? War ihm das zu simpel? Zu irdisch? Ist die vitale Lebensfreude nicht auch himmlisch? Ist nicht beides in Harmonie, Himmel und Erde?

Es wurden und werden immer Fragen gestellt. Bei Peter Seefeld lese ich viele Fragen. Am Ende bleibt es doch ein Rätsel, warum es gerade so abgelaufen ist. Der Opferweg, der Märtyrerweg, scheint mir nicht gut. Die Menschen haben genug gelitten in den letzten 2000 Jahren, das muss aufhören. Die Hippybewegung war ein Versuch, das zu beenden, aber heute herrscht wieder das brutale Leistungsprinzip, das Ausbeutungsprinzip, weltweit, und kaum keiner spricht sich dagegen aus. Ich habe es schon immer abgelehnt, weil es extrem war und ist. Es ist nicht ausgewogen, wobei ich auch die Hippybewegung nicht ausgewogen fand, nur kiffen, Musik hören, vögeln und in den Tag hinein leben ist kein ordentliches Lebensprogramm. Es muss maßvoll und ganzheitlich sein, sonst schafft es keine dauerhafte Lösung, sondern nur das Hin-und-her-Pendeln der Geschichte oder Chaos, wie zur Zeit.

Jesus, der im Film von Pilatus als „misguided martyr" bezeichnet wird, war kein Mensch der Mitte. Er wollte den extremsten Weg gehen, und ist ihn gegangen. Den Weg durch einen brutalen Tod zur Auferstehung und weiter zur Himmelfahrt. Damit hat er der Menschheit das Mysterium schlechthin geschenkt. Ob man nun naiv alles glaubt, was vermutlich niemand tut, auch wenn er es behaupten mag, oder alles von sich schiebt, wie der rationale Skeptiker, es bleibt ein Rätsel, ein Geheimnis, über das man nachdenken kann, welches den Geist und das Herz der Menschen beschäftigt.

Wir können uns Jesus nicht so zurecht legen, wie wir es gern hätten. Nur das passive Opfer zu sehen, ist einseitig, oder einen radikalen Weltverbesserer, oder einen selbstlosen Heiler, oder einen klugen Ethiklehrer, oder einen lichtvollen „Sananda", wie es die Esoteriker wollen. Er ist und bleibt eine komplexe Persönlichkeit, die einen äußerst ungewöhnlichen Weg gegangen ist. Menschen blenden gern das aus, was ihnen nicht gefällt. Bei den einen ist es dann Maria Magdalena, bei anderen die radikale, sozialkritische Seite. Die Hippies sahen in ihm vermutlich vor allem den Freak, den Feind der Spießergesellschaft, der mit seinen Freunden eine Runde kifft. Aber das ist eine der vielen Projektionen und Verzerrungen.

Vielleicht ist das jetzt unsere Aufgabe: die vielen Seiten zu einer neuen Einheit zu verbinden. Eine neue Synthese zu schaffen. Wir können die Aspekte einfach nur auflisten, wie Anselm Grün in seinem Buch BILDER VON JESUS, aber so entsteht noch keine neue harmonische Ganzheit. Wir müssen sie bei Jesus sehen, und bei uns selbst. Ein ganzheitliches Lebensgefühl und eine ökonomisch-ökologische Lebensweise. Inspiriert vom Hippygeist, aber doch weit über diesen hinausgehend, indem er gut in der Erde, in MUTTER ERDE verwurzelt wird, sonst kann es kein starker, heiliger Lebensbaum werden.

Es gibt gegenwärtig keinen spirituellen Weg, der die Gesellschaft eint, der Konsens schafft, der ein Gemeinschaftsgefühl entstehen lässt. Der eine will es so, der andere überhaupt nicht so, sondern ganz anders, der dritte will absolut gar nichts, etc. Das ist das Muster. Das hat die Gesellschaft zerbrochen, nicht nur auf der spirituellen Ebene, auf jeder Ebene. Das beginnt bei den inneren Zerrissenheiten jeder einzelnen Person, geht über die zerbrochenen Beziehungen und kaputten Familien bis in die Spitzen der Gesellschaft. Der Hippygeist war aus meiner Sicht ein toleranter Einheitsgeist, vielleicht naiv, vielleicht ein wenig zu easy. Aber wo ist er heute?

Es gibt zu viel Aversion, zu viel Abgrenzung, zu viel Hass und Ablehnung, auf allen Seiten. Sind die Emotionen zu heftig, kann kein Einheitsgefühl im Herzen entstehen. Ist das Denken, sind die Denkmodelle, die Ismen, die Ideologien, die Positionen und Perspektiven zu starr, entsteht kein Einheitsdenken im Kopf. Beide Seiten müssten entwickelt werden. Ein Gefühl ohne Denken bleibt meist nur eine vage Anwandlung, die schnell vergehen kann. Denken ohne konkrete, eigene Erfahrungen bleibt blutleer. Außerdem müsste man sich an einer höheren Instanz orientieren und nicht meinen, als Mensch könne man alles selbst. Wir sehen ja jeden Tag, wohin diese Hybris, diese Arroganz, diese Wichtigtuerei des Zauberlehrlings uns alle geführt hat. An den Abgrund des schwarzen Meeres.

Wer sich an Jesus orientiert, hat ein positives Zentrum. Es kann auch Buddha sein, Mutter Erde oder einfach die Sonne. Es kommt auf das WIE an, wie man damit umgeht, denn der große Verführer kann es instrumentalisieren und manipulieren, kann alles in seine Richtung von Machtspielen lenken, und dann werden gute Intentionen zu bösen Aktionen. Dann wird es verzerrt und falsch und böse.

Jesus bietet ein positives, ganzheitliches Modell an, weil der Mensch in seiner Ganzheit angenommen wird. Wenn man es so sieht, hat man ein gemeinsames, höheres, einendes Zentrum. Aber man muss es schon als integrales System begreifen, und nicht nur das; man muss es fühlen, spüren, erfahren, erleben, leben und gestalten, und das jeden Tag. Man muss es jeden

Tag leben, mit allen Sinnen, auf allen Ebenen des Daseins. Es muss eine natürliche Lebensform und Lebensweise werden und sein, ganz einfach, ganz selbstverständlich.

Wer aber wieder mit seinem nörgelnden ABER kommt, oder seinem skeptischen ICH WEISS JA NICHT, oder seinem unwilligen ICH WILL DAS SO NICHT, oder seinem kleinkindlichen DAS MAG ICH NICHT, der stört und zerstört. Das bringt uns seit Jahrhunderten nicht weiter, das hat uns nur diese ewige Nörgelei und Streiterei, diese endlose Argumentationsschleife gebracht mit dem Ergebnis, dass wir eine durcheinander schwatzende Affenhorde sind, wo mal die einen, mal die anderen durchdrehen und zu ihren Knüppeln greifen.

Eine klare, einfache, übersichtliche Ordnung – das ist es, was uns fehlt. Die Gemeinschaft Christi ist ein einfaches Modell, das aber auch komplex und vielschichtig und sogar integral gesehen werden kann.

9. Die Erlösung und die Erfüllung

Immer ist von der „Erlösung" die Rede. Aber so recht scheint sie mir nicht gelungen. Seit 2000 Jahren haben wir keine bessere, keine gerechte, keine friedliche Gesellschaft. Das Verhältnis zur Erde ist katastrophal, katastrophaler denn je. Wo ist die „Erlösung"? Im Jenseits wird sie kommen, gut, aber das hilft uns im Hier und Jetzt nichts, wenn sich die meisten Menschen immer nur streiten und gegenseitig bekämpfen. Davon möchte ich erlöst werden! Von dieser Gesellschaft und der ganzen Geschichte möchte ich erlöst werden! Die Geschichte, unsere Geschichte ist ein endloser Alptraum, der uns alle traumatisiert hat. Unser kollektives Bewusstsein ist von der ganzen Kriegsgeschichte belastet. Das morphogenetische Feld seit Jahrtausenden verseucht und vergiftet. Wir sind nicht frei davon, wir werden nicht erlöst, indem wir uns erinnern, oder es noch einmal untersuchen, oder noch einen dicken historischen Roman darüber schreiben, oder einen historischen Film mit großem Aufwand realisieren. All die dicken historischen Romane und die vielen Filme wiederholen nur, tragen zur Traumaschleife bei. Es gibt auch keine Therapie. Kein Therapeut verfügt über die Kraft der Erlösung. Er kann nur reden und klitzekleine Übungen machen, die aber am Ende nichts bewirken.

Erlösung als Hoffnung. Erlösung, die irgendwann einmal eintritt. Reicht das aus? Erlösung durch das Kreuz? Sich opfern oder geopfert werden, um dann erlöst zu werden oder erlöst zu sein – gibt es keinen besseren Weg? Keinen leichteren, vor allem das, einen leichteren Weg? Was soll das ewige Lernen, das ewige Studieren, das ewige Praktizieren, das die Buddhisten vertreten, mit der vagen, diffusen Hoffnung, irgendwann einmal in ferner, unbestimmter Zukunft „erleuchtet" zu sein, wie sie die Erlösung nennen. Die Inkarnationskette als endloses Arbeitsprogramm, nein, danke! Politiker träumen oft von einer „Endlösung". Damit jagen sie einem Phantom hinterher. Die Ökonomen ebenso. Die endlose Expansion der Wirtschaft. Irgendwie scheint mir alles geisteskrank zu sein und eine Lösung und Erlösung ist nicht in Sicht.

In allem und hinter allem steckt viel Verzweiflung. Der Mensch hat es nicht geschafft, auf der Erde ein einfaches, naturverbundenes, friedliches, harmonisches Leben zu gestalten. Er hat sich in Streitereien verloren, jagt Phantomen hinterher. Träumt mal vage von Erlösung und Erleuchtung, aber im Endeffekt bleibt alles das in sehr weiter Ferne. Einen Gott, der direkt eingreift, und den Schlamassel beendet und neu ordnet, den gibt es nicht. Warum eigentlich nicht? Reicht es immer noch nicht? Wünschen wir uns das nicht? Einen Gott, der sagt: „Schluss jetzt, Leute! Schluss mit dem ganzen Welttheater!"

Im Grunde versteht es keiner, wenn er ehrlich ist. Die guten Leute, die ihre dicken Jesusbücher geschrieben haben, wie Peter Seewald, und sie sind schon gut, durchaus, viel besser als ich, wissen es auch nicht, denn an den entscheidenden Stellen bleiben ihnen nur Fragen oder Zitate aus der Bibel, die dann immer noch einmal wiederholt werden.

Am ehesten sehe ich eine Erlösung noch bei Yogananda oder Osho erklärt, die eine innere, eine seelische, eine meditative Erlösung vertreten. „Das Reich Gottes ist inwendig in euch." (Lk 17, 20-21) Von den meisten Christen wird das wohl eher abgelehnt. Man will nicht meditieren, man will auch nicht an seinem Bewusstsein arbeiten, weil man meistens sein oberflächliches, chaotisches, sinnliches, emotionales, geschwätziges Trivialleben weiter leben will, sein Männerleben, sein Frauenleben, sein Fußballleben, sein Grillpartyleben, sein Geschlechtsleben, sein Genussleben, und so weiter 1000 Seiten lang, um dann irgendwann „erlöst" zu werden. Erlösung als Gratisgabe für jeden nach dem Tode. Free and easy!

Die Erlösung ist noch nicht die Erfüllung. Erst diese ist die Vollendung. Erst dann kommt die Geschichte zum Abschluss. Vollendung und Vollkommenheit sind zwei Zustände, mit denen ich mich schon lange befasse. Während meiner Zeit an der Schule habe ich mit dem Thema kaum einen Schüler erreicht. Es kamen sofort die Einwände, sofort die Ablehnung, die Abwehrhaltungen. Im Grunde wollen viele die Vollkommenheit gar nicht, weil das chaotische Schmuddelleben irgendwie interessanter zu sein scheint. Das ist nämlich aufregend, erregend, immer neu, immer anders, immer wieder sensationell. Selbst eine Klimakatastrophe und ein Krieg in Afghanistan oder ein Tsunami in Thailand sind eine Sensation. Mit einer Sensation kann sich der menschliche Geist befassen, der Verstand, der Nachdenk-Geist, mit der Vollendung nicht, denn diese ist eine Erfahrung, die man machen muss. Im vollendeten Sein passiert dann nichts mehr, es ist ein Nirvana, ein Erlöschen. Die Erfüllung ist das Erlöschen der Triebe und Treiber, der Anmacher und Antreiber allüberall. Die christliche Erfüllung ist im Kern mit der buddhistischen Erleuchtung identisch, weil es eine innere, mystische Erfahrung ist, die man, wie gesagt, selbst machen muss. Das ist keine simple Behauptung von mir, sondern basiert auf vergleichenden Studien mystischer Schriften beider Religionen, und meinen eigenen Erfahrungen natürlich. Sowohl Buddha als auch Jesus sind menschliche Inkarnationen eines vollendeten Geistes. Wer sich mit Jesus identifiziert und innerlich vereinigt, wird selbst zu einem vollendeten Geist. Davon spricht bereits Paulus. Jörg Zink weist in seiner Jesus-Biografie auf diese Dimension hin.

„Was sagt denn Paulus? Er sagt, es komme darauf an, mit Christus ein Leib zu sein, Christus in sich zu tragen, mit Christus zu sterben und aufzuerstehen, mit Christus in die Herrlichkeit zu gehen; sich zu wandeln in die Gestalt Christi; den Christus so in sich zu empfangen, dass der eigene innere Mensch heranwachse zur erwachsenen Gestalt des Christus; sich in Christus so zu spiegeln, dass eine Herrlichkeit auf dem Gesicht des Zeugen erscheint; auf Christus so zu hören, dass seine Stimme zu der unseren wird. Das historisch Früheste, das wir aus der Wirkungsgeschichte Jesu fassen können, ist die mystische Christus-Botschaft des Paulus." (Zink, Jesus, S.342)

Den Römerbrief 6 und 8 sollte jeder selbst ganz lesen. Dann kann er sich sein eigenes Urteil bilden. Darüber zu lesen ist natürlich nur eine mentale Vorbereitung – oder eine Bestätigung nach gemachten Erfahrungen. Ohne Kontemplation geht es nicht. Es reicht ja auch nicht aus, nur die Wanderkarte anzuschauen, man muss schon loswandern, oder? Wem die Bibel zu einfach sein sollte, der lese Teresa von Avila, Weg der Vollkommenheit oder Johannes vom Kreuz, Aufstieg auf den Berg Karmel.

Der vollkommene Mensch

der vollkommene Sohn
des himmlischen Vaters
zeigt uns das Modell
des wahren Menschseins

der Meister des Lichts
der leuchtenden Wege
durch dunkle Nächte
der Schmerzen und Tode

der Meister der Weisheit
kommt aus den höheren
Welten den weiten der
blauen Sonne des Herzens

die Vollendung ist kein
Traum nur für wenige
ein vages Bild einer un-
bestimmten Ferne nein

sie ist der Weg aus der Welt
der Automaten des Überflusses
der abertausend Dinge ins
Reich der reinen Klarheit

ins leuchtende Jenseits
ins schwingende Sein
der schwebenden Adler
der Sonne des Mondes

das Sein des Meisters
ist das vollkommene
Gleichgewicht von
Himmel und Erde

der Sohn des Himmels
zeigt dir deine eigene
Vollendung im Leben
im Hier und Jetzt

Im Grunde hat bereits Jesus eine Synthese von westlichem und östlichem Denken propagiert, indem er die mystische Einheit mit dem göttlichen Geist nicht nur vertreten, sondern gelebt, vorgelebt hat, bis ins Extrem des Kreuzestodes hinein. Er hat nicht das festgelegte GESETZ in den Mittelpunkt gestellt, sondern die universelle LIEBE, nicht das, was von einer Obrigkeit bestimmt und vertreten wurde, sondern seine eigene Erfahrung, nämlich seine eigene Beziehung zum Göttlichen, zum Abba des Himmels. Wie die Geschichte ausgegangen ist, wissen wir. Wie wenig die Erfahrung, die eigene, spirituelle Erfahrung bis heute in den Kirchen und in der Gesellschaft zählt, wissen wir auch. Die säkularisierte Gesellschaft behindert spirituelle Erfahrungen wo sie kann, in den Schulen, in den Universitäten, diffamiert sie, indem sie diese als nur subjektiv, als individuell deklariert, weil sie keinen besonderen Stellenwert haben soll. Ihr GESETZ ist heute die sogenannt objektive Wissenschaft.

Im Fernsehen, dem MEDIUM unserer Zeit, spielt die spirituelle Erfahrung keine Rolle, da geht es nur um endlose emotionale Streitereien, mal mit Happy End, mal ohne, und es geht um Spiele, um Shows in allen Variationen. Wenn man so will, ist das Fernsehen ein diabolisches MEDIUM, das nicht den göttlichen Geist vermittelt, sondern den Geist der Zerstreuung, der Zersplitterung in Abertausende von Bildern und Szenen und Fetzen von Gedanken und Gefühlen. Nichts soll mehr kraftvoll sein, echt und ganz und einheitlich. Alles ist beliebig, alles ist nur Spiel, nur Maya, nur Täuschung.

Seit es inspirierte spirituelle Meister gibt, kämpfen sie gegen die Dummheiten und Machtansprüche einer herrschenden „Kaste" und für eine spirituelle Befreiung und Erlösung. Erfreulich ist das Muster nicht. Der Tod am Kreuz ist das Extrem der Geschichte, vor Christus, nach Christus. Von den Ignorierten und Verachteten wissen wir wenig oder gar nichts. Sie sind verschwunden im Fluss der Zeiten. Vielleicht ist es auch am klügsten, einfach als Eremit irgendwo zu verschwinden. Das Militär herrscht immer noch, es hat nur teilweise sein Schlachtfeld verlagert, und kämpft heute um Absatzmärkte, um Expansionen, um das wirtschaftliche Monopol, man will ja schließlich der größte Autokonzern sein. Die christlichen Eremiten hatten sich schon vor über tausendfünfhundert Jahren in abseitige Verstecke verzogen, so wie sich Tiere verziehen, wenn die Jäger mit ihren Hunden lärmend dahergeritten kommen. Sie lebten wie die buddhistischen Gomtschen in irgendeiner Höhle, in irgendeinem namenlosen Wald.

Ich bin dann mal weg ......

10. Maria Frieden

Maria Frieden ist ein kleines, verstecktes Frauenkloster in der Nähe von Bamberg. Es liegt am Rande eines kleinen Dorfes. Es ist ein Ort der Stille, der Ruhe, der Abgeschiedenheit, der Weltabgewandtheit. Die wahren spirituellen Erfahrungen werden in der Stille gemacht. Im transverbalen Raum, also in einem Raum jenseits der Sprache. So gesehen sind die Texte und Gesänge der Nonnen nicht das Eigentliche, sondern der innere Raum, der dadurch erschlossen wird.

Ich kann auch in der Kirche sitzen – und nur schweigen. Wenn ich selbst still bin, dann kann Gott mit mir reden. Oder ich sitze einfach unter der großen Rotbuche und lausche dem Gesang der Vögel. Ich muss nichts tun. Ich sitze einfach nur unter dem großen, starken Baum, dem Hüter des heiligen Geistes.

Oben auf der Giech-Burg, einige Kilometer von Maria Frieden entfernt, steht eine große Linde. Auch sie ist ein Hüter. Eine starke Hüterin des Burgberges. Von hier hat man einen sehr weiten Blick über das hügelige Land, bis zur großen Linde bei Windischletten und zum keltischen Ansberg mit der St. Veit-Kapelle und dem großen Lindenkreis. Altes, heiliges Keltenland. Um den Burgberg kreisen die Turmfalken. So war es vor Jahrhunderten, so ist es immer noch. Unterhalb des Berges grast eine Kuhherde, schwarze, braune und weiße Kühe. Kühe mit Hörnern auf einer Wiese mit vielen Blumen. Ein bukolisches, idyllisches Bild. Ein altes Bild des wahren Weges in und mit Mutter Erde.

Je mehr die Täler, die Wälder, die Landschaft in Ruhe gelassen werden, desto mehr kann sich der Geist der Natur entfalten, desto mehr kann sich die natürliche Vollkommenheit zeigen. Wer achtsame Augen hat, der schaue genau hin. Man kann es überall sehen. Im Maintal, in den Wäldern bei Kloster Banz oder Vierzehnheiligen, auf dem Staffelberg oder dem Walberla oder in einem der kleinen Dörfer. Wenn der Mensch seine systematische, geordnete Form der Vollkommenheit schafft, dann so wie in Vierzehnheiligen, in der Basilika als Architektur, als spirituelles Gesamtkunstwerk, im Klostergarten als Gartengestaltung mit der Madonna im Zentrum. Wenn die Natur es von sich aus schaffen darf im Laufe von vielen Jahrhunderten, dann zeigt es sich besonders intensiv in einem alten, heiligen Baum, einer riesigen, uralten Buche, wie der im Wald nördlich

Walberla – Blick von Süden Richtung Norden, im Frühling

von Kloster Banz. Aber es muss natürlich nicht der große Baum oder der magische Berg sein. Es kann auch ein Busch sein, oder die blauen Wegwarten am Rande der Straße. Wenn natürliche Vollkommenheit gewünscht und zugelassen wird, dann zeigt sie sich überall.

Die Welt könnte und kann sehr wohl ein Paradies sein. Das hängt davon ab, wen man als seinen „Vater", als seinen inneren Gott sieht. Andererseits zeigt das Äußere, welchen „Gott" man tatsächlich hat. Erstaunlich, wie klar und scharf das Jesus schon im Johannesevangelium gesagt hat. (z.B. Kap.8 und Kap.14) Der Kern der Klarheit, Schärfe und Wahrheit ist das innere Gotteserlebnis, die innere erleuchtete Einheit. Im inneren Sein herrscht ein jenseitiger Frieden. Der Frieden der mütterlichen Weisheit, der alles verstehenden Weisheitsliebe. In der Konfrontation mit den „Mördern" muss es zu deutlichen Urteilen kommen, denn „Mörder" müssen so genannt werden. Manche verstehen nicht den Unterschied zwischen dem kleinen Ego-Zorn und dem heiligen Zorn aus der Gotteswahrheit heraus. Dieser Zorn ist nicht das Eigentliche. Das ist das heilige Sein der Einheit mit dem „Vater", wie es Jesus nennt. Das ist die Einheit mit dem Feuer des Heiligen Geistes.

Vision Hill

den Hügel der Visionen
kannst du überall finden
ob in good old England
oder in Deutschland

er mag Disibodenberg
heißen oder Walberla
oder einfach namenlos
sein im Nirgendwo

wenn dein Herz offen ist
für die Botschaften des
heiteren Himmels dann
wird er sich öffnen sofort

du findest sie leicht die
heiligen Bäume und Felsen
die flinke Eidechse und den
kreisenden Bussard

sie sprechen mit dir
und du verstehst ihre
schweigende Sprache
des lächelnden Himmels

die Traumzeit ist real
du kannst sie berühren
wie die Felsen und die
Rinde der Eichen

du kannst herumgehen
in der luftigen Anderswelt
im Reich der Naturgeister
und mit ihnen singen

Hinweis: Disibodenberg ist der Berg von Hildegard von Bingen, heute befindet sich dort die Ruine ihres Klosters, eine neue, kleine Kapelle, aber viele große Bäume. Walberla ist ein keltischer Berg bei Forchheim.

Ich finde, dass man spirituelle Erfahrungen am besten draußen machen kann. John O'Donohue schreibt von der keltischen Spiritualität als einer „Freiluft Spiritualität". Aber eigentlich braucht eine Spiritualität der Natur keinen Namen. Jesus hat übrigens auch keinen Ismus verwendet. Wir mögen mit „keltisch" naturverbunden, naturverehrend verbinden, aber wir müssen das nicht keltisch nennen. Auch „christlich" halte ich eigentlich nicht mehr für hilfreich. Es grenzt nur ab, grenzt nur aus. Begriffe zeigen auch, dass man zu wenig oder gar nicht draußen ist. Viele sind zu wenig in der wilden Natur.

Da ich in einem kleinen Dorf lebe, weiß ich genau um den Unterschied zwischen der Atmosphäre draußen – und in der Stadt. Eine Stadtparkerfahrung sieht ganz anders aus als eine Walderfahrung. Eine Erfahrung auf einem Vision Hill, einem Hügel oder kleinen Berg, der den visionären Geist anspricht, ist in der Stadt einfach nicht zu machen.

Sowohl den Rückzug in den Innenraum als auch den Rückzug in den Tempel, den Ritualraum, die Kirche, die Gompa halte ich für falsch. Das ist eine Art Bunker. Das fließende Leben der Zeiten und Flüsse ist dort nicht, das atmende Meer ist dort nicht. Es ist ein grundsätzliches Problem des Menschen, dass er nicht mit dem Meer atmet, dass er nicht mit den Flüssen fließt. Er lebt und atmet nicht mit dem Gewebe des Lebens. Darauf kommt es an. Auf diese Lebensform, die materiell und spirituell gleichermaßen ist. Eine Spiritualität aus einer Abtrennung heraus war und wird immer falsch sein. Man darf nicht die Natur abtrennen, man darf die Erfahrungen nicht ausgrenzen.

Wenn man wie ich seit Jahrzehnten dauernd auf Hügeln und Bergen Spiritualität lebt, dann kann man das eigentlich nur mitteilen, auf diesen Weg hinweisen. Mehr nicht. Wer diese Erfahrung selbst gemacht hat, wird sie nachvollziehen können. Alle anderen nicht.

Die Stadt ist die Welt der Automaten. Alles ist darauf ausgerichtet. Alles vibriert und lärmt und tönt nach Maschinenart. Die Wiesen meiner wilden Hügel summen wie die Bienen.

Für seine eigenen Erfahrungen muss man sich seinen eigenen Hügel suchen.

Das ist alles. Mehr ist nicht zu tun. Keine Methoden, kein Spezialwissen, keine Tricks, keine Ausbildung, keine Schriften, keine Gebote, keine Gelübde, keine Gesetze. All das sind im Grunde nur Reglementierungen des Menschen, welche die Freiheit eingrenzen und am Ende behindern wollen.

Buddha und Jesus waren freie Menschen. Absolut freie Menschen. So frei, wie man nur sein konnte. Keine Linien- oder Kirchenvertreter. Freie, spirituelle Menschen, die ihren eigenen Weg gegangen sind. Das kann man von ihnen lernen, den eigenen Weg zu gehen. Jesus hat sich mit den herrschenden Autoritäten angelegt, die knallharte Konfrontation gesucht, weil er aus seiner inneren Gotteserfahrung heraus geredet und gelebt hat, nicht aus der Befolgung von Schriften und Gesetzen. Jesus, der spirituelle Rebell, das ist das brennende Zentrum seiner Person. *Wer mir nah ist, der ist dem Feuer nah.* (Th 82)

Die eigene innere Gotteserfahrung, das eigene spirituelle Erlebnis hat in unserer westlichen Kultur bis heute aber nicht den angemessenen Stellenwert, weil die Gralshüter der Gesetze, ob nun Wissenschaftler, Theologen oder Esoteriker, die individuelle Freiheit nicht zulassen wollen. Und weil für sie nur das mentale Programm zählt, ihr Denkprogramm, denn sie können nur das: denken, denken, denken. Von den Gefühlsmenschen grenzen sie sich ab, denn die Gefühle sind nur emotional, nur vage, nur unbestimmt und nicht objektiv. Eine spirituelle Erfahrung ist aber mehr als das Denken und das Fühlen, sie geht darüber hinaus. Was jenseits des Horizonts liegt, kennt nur der, der jenseits vom Horizont gewesen ist.

Für seine eigenen Erfahrungen muss man sich seinen Hügel, seinen Berg oder seine Höhle suchen. Jesus hatte eine Höhle. Die Eremos-Höhle über Tabgha am See Genezareth. (Foto und Beschreibung bei Paul Badde, S.130ff.) Aber man muss nicht nach Israel, in dieses kranke, zerrissene Land fahren, das himmelweit von einer integralen Heilung, einem gelebten Himmelreich entfernt ist. Man muss seine eigene Höhle suchen. Ich selbst ziehe den Hügel vor. In Deutschland ist es auch meist nicht so heiß, so dass eine Höhle ein guter Ort der Stille und Besinnung wäre. Ich nehme den Hügel. Du kannst auch den Wald nehmen oder ein Flusstal oder eine Quelle im Gebirge. Alles ist gut, wenn es das innere Himmelreich ermöglicht, das innere Reich des Lichtes, des Fließens und der heiligen Traumzeit.

Keiner kann dir die eigene Erfahrung abnehmen, kein Buddha, kein Jesus, kein Lama, kein Priester, kein Seminarleiter, kein Lehrer. Willst du selbst die Erfahrung machen, ja oder nein, die Frage musst du dir selbst beantworten, nur dir allein. Und wenn du zu dir selbst ja sagst, ja, ich will sie machen, die Erfahrung, und ich habe keine Angst, keine Angst vor Ungewohntem und „Gefährlichem", dann such dir deinen Platz.

Maria Frieden ist ein realer Ort in Oberfranken. Mit allen realen Elementen wie einer Kirche, einer Linde, einer Buche, einem Nutzgarten, Rosenbeeten, Obstbaumwiesen, einer Schafherde, einem Bruder Josef etc. Der reale Ort ist immer die Basis einer Erfahrung, ob nun das Kloster oder der Walberla, ob nun das Zusammensein mit einem anderen Menschen oder den Felsen und Bäumen. Im realen Ort wurzelt der Baum der spirituellen Erfahrung. Ohne solch einen ganz realen, konkreten Ort geht es meiner Ansicht nach überhaupt nicht. Es ist und bleibt immer ein Zusammenspiel der Kräfte, der Energien von Vater und Mutter, von Himmel und Erde, denn wir leben in einem Universum der Polaritäten. Darüber hinaus ist Maria Frieden eine Metapher für den spirituellen, inneren Frieden des Wissens und der Weisheit.

„Wenn jemand nicht von neuem geboren wird, kann er das Reich Gottes nicht sehen." (Joh 3,3) „Wenn jemand nicht aus Wasser und Geist (pneuma) geboren wird, kann er nicht in das Reich Gottes kommen."(5) In Maria Frieden kann man gewissermaßen neu geboren werden. Aus der neuen, intensiven Erfahrung heraus kann man dann die andere Dimension erleben und erkennen. Dabei bleibt man aber weiterhin verbunden und verwurzelt mit dem Ort.

Jesus selbst hatte diese Erfahrung der neuen Geburt von oben, vom Himmel. Somit konnte er solche Aussagen machen. Bedauerlich ist es, dass er nicht mehr von den Wegen der Erfahrung gesprochen hat – oder aufgeschrieben worden ist – vielleicht hat er ja davon gesprochen, wir wissen es nicht.

Das Gespräch mit Nikodemus, dem Pharisäer, aus dem die obigen Zitate genommen sind, zeigt uns leider nur die zwei Welten, die Welt desjenigen, der nachdenkt – was viele ja nicht einmal tun – und die Welt desjenigen, der eine spirituelle Erfahrung gemacht hat.

*

Du solltest dich von allem befreien, meinte Leila.

Warum? Tu ich das nicht längst?

Nein. Du meinst immer noch, in den herkömmlichen, festgelegten Systemen den wahren Weg zu finden. Befreie dich von Jesus und Buddha und all den anderen.

Warum so radikal? Warum nicht die guten Seiten verbinden?

Ja, ich weiß, deine schöne Idee von der großen Versöhnung aller. Was diese verhindert, das sind die alten Modelle, die alten Gurus, die alten Meister, die alten Schriften. Vor allem diese, die alten Schriften. Das kannst du besonders in der Bibel sehen, immer ist von der Schrift die Rede. Im Buddhismus dasselbe, die Schriften, die Schriften, immer die Schriften! Alles ist alt, zu alt. Es muss etwas Neues her. Etwas Frisches, ganz Anderes, noch nie Gedachtes, nie Gefühltes, nie Erkanntes und niemals Gesehenes.

Du magst ihn nicht, Jesus, oder?

Ach, ich habe nichts gegen Jesus, meinte Leila. Warum auch? Er war gut, sehr gut. Aber für die kommenden Jahrhunderte ist er eher ein Hindernis. Besonders die Sichtweise, welche die Kirchen vertreten, ist ein Hindernis für eine neue Entwicklung. Für neue Erfahrungen. Sie haben immer nur einen „zensierten" Jesus zugelassen.

Einen zensierten?

Ja. Weil sie immer wieder mit den alten Schriften kommen, und den radikalen Schnitt nicht ziehen wollen. Sie wollten und wollen immer noch ihr festgelegtes GESETZ, ihre ganzen Reglementierungen. Ihre Dogmen. Ihr festes Lehrgebäude. Deshalb kommen sie auch immer wieder mit dem alten Testament. Den alten Geboten. Den alten negativen Geboten, anstatt sie endlich durch positive zu ersetzen. All die Reglementierungen sind vergangenheitsfixierte Behinderungen.

Die du alle nicht magst!

Nein, in der Tat, ich mag sie nicht, betonte Leila. Sie sind nur Betonmauern gegen den Fluss der Entfaltung, gegen den Fluss des Lebens. Die Göttin des Lebens ist mehr als alle Buddhas und Lamas, mehr als Jesus und alle seine Nachfolger, mehr als alle sogenannten Weltreligionen zusammen.

Die GÖTTIN, ist das deine Religion?

Nein, keine Religion. Kein System, keine Schriften, keine Modelle, keine Gesetze, keine Gebote, nichts von all diesem Zeug. Einfach nur der Fluss des Bewusstseins, des sich entfaltenden Geistes.

Reicht das aus?

Den Leuten, die eine Organisation, einen Machtapparat haben wollen, denen reicht das natürlich nicht. Sie werden immer mit ihren Gesetzen kommen. Sie sind selbst innerlich nicht frei, und deshalb können sie sich auch nur eine Welt, eine Gesellschaft, eine Religion mit Regeln vorstellen. Eine auf Erfahrung basierende Religion, oder besser gesagt: ein auf Erfahrungen basierendes spirituelles Lebensmodell, das eben nicht festgelegt ist, sondern offen und weit, wirst du dort nicht finden.

Ich fürchte, du hast Recht.

Warum fürchtest du es?

Weil der Preis hoch ist. Weil ich die soziale Isolation satthabe.

Anerkennung und Integration gibt es nur durch Unterordnung und Gehorsam gegenüber den Gesetzen. Egal welchen Club du nimmst, beim Eintritt muss du deinen freien Geist an der Garderobe abgeben, sonst kommst du nicht rein. Von einer freien Menschheit sind wir weit entfernt. Da die hemmenden Kräfte auch unglaublich stark sind und jede Form von Blockade und Behinderung nutzen, seit Jahrtausenden, wird diese Menschheit wohl nicht auf der Erde entstehen, bis auf Einzelne natürlich. Bis auf die Ausnahmen, die dann noch „gekreuzigt" werden. Oder sie gehen freiwillig irgendwann, wie Uta Ranke-Heinemann: Nein und Amen, so ein Buchtitel von ihr.

Resigniert?

Es ist nur realistisch. Die Natur wird seit Jahrtausenden unterdrückt. Die Frauen ebenso. Der Mensch hat sich einmal für einen Irrweg, einen Weg der Gewalt und Rücksichtslosigkeit entschieden. Den geht er zu Ende, bis zum Ende, bis zum Untergang. Den muss er wie in einer Zwangshandlung, einem Eskalationsprozess zu Ende gehen. Das ist der ganz natürliche Verlauf, nicht mehr, nicht weniger. Die Lawine donnert ins Tal. Das kann keiner aufhalten.

Was ist dann für dich schön und positiv?

Mit dem Fluss zu fließen. Mit den Delphinen im Meer schwimmen. Ich glaube auch, dass die Menschen der Erde, bevor der ganze Zivilisationsschlamassel angefangen hat, vor allem da im Nahen Osten, einfach nur in und mit der SCHÖNHEIT gelebt haben. Wer darin lebt und aufgeht, der braucht keine Begriffe und keine Systeme. Der schwimmt nur mit den Delphinen im Meer.

Das kann kaum einer.

Es ist auch nur ein Beispiel von vielen. Es geht um eine lebendige Lebensform in und mit der Natur. *Living in boxes* ist nicht mein Weg. Ach, diese Kasten und Kästchen, Schubladen und Gefängnisse. Von der Wohneinheit bis zum Arbeitsplatz und wieder zurück. Und die großen Religionen sind auch nur Kästchen. Und die Anhänger und Vertreter haben meist alle ein Brett vorm Kopf.

Na, das finde ich aber nicht. Es gibt auch sehr offene Menschen.

Sicher, sicher. Aber das Grundmodell ist falsch, weil es nicht offen ist, sondern geschlossen. Die Bibel und die Gebote. Ich mag das nicht. Wenn ich den Klang einer Maultrommel höre, dann weiß ich, woher ich komme. Aus den Weiten der Steppe. Frage dich doch selbst, wo ist die Religion Europas entstanden, und wie haben sich die Menschen verhalten. Es ist doch in der Summe abstoßend, oder? Von den Kampfrufen gegen die Ketzer bis zu den Mißbrauchsfällen. Abstoßend. Mischmasch aus Irrtum und Gewalt, wie Goethe sagte. Dem kann ich nur zustimmen.

Und deine Religion der Maultrommel, wenn ich sie so nennen darf, was ist mit der, was ist ihre Botschaft?

Meinetwegen nenn sie so, meinte Leila. Die Botschaft ist der Klang! Die Botschaft ist die Schwingung, die durch die Steppe und um die Erde herum läuft. Das kannst du nur mit der inneren Seele hören, nicht mit den Ohren und schon gar nicht mit dem Kopf.

Was verstehst du darunter, der „inneren Seele"?

Das ist der Wind des Bewusstseins. Gehe auf deinen Hügel und höre den summenden Bienen zu. Schalte dein Seelenhandy ein. Nimm einen Stock oder einen Stein, das ist dein Seelenhandy. Und dann lausche!

Und die Weisheit wird kommen.

Genau, sie wird dich erreichen, erfüllen. Aber das weißt du ja längst. Jesus fand seine Weisheit, sein inneres Wissen nicht im Tempel, nicht in der Stadt, sondern in der Wüste oder der Höhle am See Genezareth.

Es ist ja typisch, meinte Leila, dass in der Bibel darüber nichts steht.

Weil der normale Bürger selbst nicht weise sein soll.

Genau. Er soll ja brav und dumm sein. Kompetent für den Arbeitsmarkt, aber dumm fürs Leben und unerfahren, was höhere Dimensionen betrifft. Er soll sie gar nicht erfahren! Er soll nur alles gläubig hinnehmen, was man ihm sagt, ob Jesus, ein Pfarrer oder ein Lehrer, ob Kaiser oder Kanzlerin. Deshalb bin ich so radikal für den eigenen Weg, ohne irgendein Modell, egal, um welches es sich handeln mag. Buddha und Jesus wurden nur zu dem, was sie sind, indem sie ihrer eigenen Stimme folgten. Das ist der Kern!

Der dann verfälscht wurde, indem die eigene Stimme durch den Gehorsam gegenüber den Mächtigen ersetzt wurde.

So ist es! Solange es die Machtapparate gibt, wird es darum gehen, diesen Kern frei zu machen.

II. Spirituelle Erfahrungen in der Natur

11. Der Hügel des Lichts

Im Hochsommer blüht es. Ein Meer von Blumen und Blüten. Unendlich viele Flockenblumen mit ihren violetten Blüten. Die vielen Köpfe der Blüten sind wie Sterne einer Galaxie. Die entfaltete Blütenkraft der Erde.

Und viele andere Blumen, ein ganzes Blütenbestimmungsbuch. Aber man muss nichts bestimmen, nichts benennen. Es ist ein Meer von gelben und blauen und weißen Sommerblüten. Du gehst über den Blütenhügel als würdest du wie ein Schmetterling von Blüte zu Blüte tanzen, als würdest du wie die Hummel den Nektar der Weisheit suchen, finden und trinken.

Man muss es selbst erleben, so wie man selbst im Meer schwimmen und am Fluss sitzen muss, um es zu erfassen. Wer es erlebt hat, weiß, wovon ich spreche. Wer nicht, der muss sich auf die Reise machen.

Eigentlich kann man gelebtes Leben, erlebtes spirituelles Leben mit nichts vermitteln, nicht mit Sprache, nicht mit Tönen, nicht mit Bildern. Man muss es selbst erleben.

Der Hügel des Lichts ist an einigen Tagen im Hochsommer zu erfassen, vorher nicht, später nicht. Wer niemals kommt, der wird es niemals erleben.

Als ich noch Lehrer war, habe ich meine Schüler oft mit einem krassen Vergleich konfrontiert, den sie nachvollziehen konnten. Man kann viel über Liebe reden, man kann Begriffe nennen, wie Caritas, Agape oder Karuna, man kann lange theoretisieren oder den Klassiker von Erich Fromm lesen, Die Kunst des Liebens (Mehrmals im Unterricht behandelt.), aber das Eigentliche bleibt immer das Erlebnis. Das Eigentliche ist immer das erfahrene Leben.

Über den Hügel kannst du wie ein Aborigine laufen und eine Art *walkabout* machen (Falls du Marlon Morgan, Der Traumfänger, gelesen haben solltest. Auch im Unterricht behandelt.) Sich wie ein Aborigine fühlen. Eine Metapher. Ein Versuch, einen Zustand in einer kurzen Formel zu beschreiben. Wie der Sound des Didgeridoo durch das Land des Grases und der Blumen laufen. Can you hear it, baby? Can you feel it, baby? Dein Bewusstsein ist ein Ton in der Landschaft, eine Schwingung zwischen den Gräsern. Dein Bewusstsein ist eine Hummel, nur eine Hummel. Dein Herz ist ein Schmetterling. Ein Weißling oder ein Bläuling. Deine Seele ist der kreisende Milan über dem reifen Gerstenfeld. Du bist da und doch nicht da, du lebst und bist doch schon tot. Du gehst noch mit deinem alten Körper herum, aber du bist schon lange fort. Wer in einer Traumzeitwelt lebt, lebt in einer Art Geisterwelt, einer Schwingungswelt. *There are no fences facing*, singt Bob Dylan in seinem Tambourine Man. Es gibt hier keine Zäune und keine Grenzen. Die *fences* sind typisch für die Haltung des Weißen Mannes. Der ganze Westen der USA ist durchzogen von endlosen, buchstäblich endlosen, *fences*. Menschen des *spirits* kennen keine *fences*. Die Red Indians nicht, die Aborigines nicht. *Fucking fences!* Die Zäune gehören zur Kultur der Abgrenzungen und Ausgrenzungen und Begrenzungen und Eingrenzungen. Und das ist keine Sprachspielerei hier, das ist bittere Realität, an der du dir deine Hände aufreißen kannst.

Der *walkabout* geht durch alles hindurch, sprengt jeden Rahmen. Das versteht nur jemand, der einen *walkabout* gegangen ist, der wie ein Fuchs durchs Land gewandert ist. Am besten bei flirrender Hitze, dann fliegt der Verstand sofort auf und davon, denn der Verstand des Menschen, dieser Oberlehrer schlechthin, dieser Oberstudiendiktator, liebt das Kühle, das Tote, das Metall. Auf dem *walkabout* brauchst du keinen Verstand, nur deinen Fuchsinstinkt und dein grünes Adlerauge.

Ich war schon immer ein Aborigine. Meine deutsche Mutter hat es gehasst, wenn ich wild durch den Wald gelaufen bin. „Kannst du nicht mal auf dem Weg gehen!" Und mein deutscher Alter meinte, man müsste in der Kolonne marschieren. Links, zwo, drei, vier ..... Seine Schule des Lebens war eben das Militär. Im Gleichschritt in den Tod. Im Gleichschritt ins Grab. Was daran heldenhaft sein sollte, war mir nie klar.

Ein Aborigine geht seinen eigenen Weg durch die Wildnis wie ein Schlange. *Snakewalker*. Die Weisheit der Schlange ist die Fähigkeit der Wandlung und Veränderung. Die Weisheit der Schlange ist das fließende Bewusstsein, flowing consciousness. Fließen wie ein Fluss zum Meer. Tanzen wie ein Schmetterling von Blüte zu Blüte. Die Weisheit der Schlange ist ein mäandernde Fluss.

(Wer nicht wissen sollte, was flowing ist, der informiere sich bitte. Z.B. Daniel Goleman, Emotionale Intelligenz. Oder der Naturerlebnispädagoge Joseph Cornell. Ich habe beide Autoren im Unterricht behandelt.)

Auf dem Hügel des Lichts kann man mit dem Milan kreisen und mit den Wolken über den Himmel segeln. Du kannst in die Ferne reisen, hinüber zu den Bergen der MUTTER im Süden oder zum großen Wald im Norden. Eine mythische Welt. Eine reale Welt gleichermaßen, denn die Berge gehören zum Harz und der Wald heißt Elm.

Sometimes words have two meanings, singt Robert Plant in *stairway to heaven*, für mich eines der besten langen Rockstücke aller Zeiten. Einer der ewigen Klassiker. Das könnte man bei meiner Beerdigung spielen, nur das, aber ich werde in der Taiga verschwinden. Aber zurück zu den zwei Bedeutungen. Der Elm. Der Harz. Die Asse. Der Heeseberg. So die offiziellen Namen. Mein Hügel heißt auf dem Messtischblatt: Hohe Leiter. *My personal stairway to heaven.* Hinter den bekannten Namen schwingt die Welt der Elfen. Versuch sie hören!

Elm.

Asse.

Heeseberg.

Wer die Wälder und die Berge kennt, hat es leichter. Ich kenne viele Stellen mit heiligen Buchen, im Elm, in der Asse. Ich kenne viele heiligen Stellen mit Felsen im Harz, die ich gar nicht zählen kann, weil es so viele sind. Auch auf dem Hügel des Lichts gibt es viele magische Orte. Der Fuchs hat sie mir gezeigt. Der Bussard. Der Falke. Ja, und der flinke Hase, dieser Steppenflitzer!

Über dem Hügel kreist der Milan. Über meinem Garten kreist er. Über den Getreidefeldern, die jetzt abgeerntet werden. Der Milan ist ein Meister des Fliegens, des gleitenden Fluges. Meine Seele kann mit ihm fliegen, meine schweren Beine nicht. Als Mensch gehe ich nur auf der Erde umher. Das hat uns sicher mal angetrieben, Instrumente zu bauen. Aber alle Gleitschirme und Drachen ändern doch nichts daran, dass wir keine Flügel haben.

Wir sind und bleiben das, was wir seit Jahrtausenden sind: Wanderer der Erde. Das Wandern durch die Landschaft ist unser kleiner Flugersatz.

Was mag Jesus gedacht und gefühlt haben, als er über die Hügel wanderte? Wir wissen es nicht. Niemand hat es aufgeschrieben. Vermutlich wird er das gedacht haben, was jeder Mensch denkt: ich gehe hier unten, langsam und mühsam durch den Staub der Erde, und oben im blauen Himmel kreist der Vogel, der Milan, der Adler. Schön wäre es, wenn ich auch kreisen könnte, leicht wäre es, einfach zu fliegen von Ort zu Ort. Für den einen ist es nur eine Sehnsucht, für den anderen eine Metapher für das spirituelle Sein jenseits von allen Mühen und Plagen des Alltags.

Kommt alle zu mir, die ihr euch plagt und schwere Lasten zu tragen habt. Ich werde euch Ruhe verschaffen. Nehmt mein Joch auf euch und lernt von mir; denn ich bin gütig und von Herzen demütig, so werdet ihr Ruhe finden für eure Seele. Denn mein Joch drückt nicht und meine Last ist leicht. (Mt 11, 28-30)

Das „Joch", also: der Yoga von Jesu ist leicht, der Yoga des freien, ungebundenen, hauslosen und besitzlosen Lebens und Seins. Auf die Vögel hatte er hingewiesen, die nicht säen, nicht ernten, vor allem keine Vorräte sammeln (Mt 6, 26). Was meint er mit Ruhe? Vermutlich eine meditative Ruhe, eine buddhistische Ruhe, eine Ruhe des stillen Seins. Eine Ruhe der Befreiung und der Freiheit von all der Zivilisation mit ihren Gesetzen und Regeln und Vorschriften.

Wer über den Hügel wandert, ist mehr im Himmel als auf der Erde. Auch das gilt es wieder selbst zu erleben. Die Bauern, die das Getreide mähen und das Stroh zu Ballen pressen, sehen den Hügel anders, sie sehen ihre Arbeit. Hinterher genießen sie die Ruhe bei einem kühlen Bier. Sie werden denken: Der Jesus, der war faul, der lief nur herum und redete vom leichten Leben. Aber er aß unser Brot.

Der Milan kreist über dem Land.

Der Milan kreist oben im Himmel.

12. Der See der Weisheit

Jesus hatte seinen See der Weisheit, den See Genezareth. Dort konnte er übers Wasser laufen. Ich kann mir allerdings nicht vorstellen, dass Christen das wirklich glauben. Vermutlich werden sie ausweichen mit dem Satz, ein Sohn Gottes könne eben alles. Die Möglichkeit der Levitation werden sie ablehnen. Yogafähigkeiten werden sie ablehnen.

Die Aufhebung der Schwerkraft (= Levitation), der nach unten ziehenden und an die Materie bindenden Energie, kann man gerade an einem See erleben. Vielleicht ist das der Grund, warum Seen so beliebt sind und jeder am liebsten ein Haus am See hätte, wenigstens mit Blick auf einen See. Aber je mehr Menschen am See, und auf ihm, sind, desto mehr geht der Geist, die Seele des Sees verloren. Das muss der Mensch erst noch lernen, dass die Vermassung die Seele zerstört.

Jesus hatte den See Genezareth. Ich habe den Walchensee. Ein grüner See der Wälder und Berge. Ein smaragdgrüner See von Mutter Erde. Ein See ist immer vielschichtig. Die verschiedenen Uferregionen, die Blickrichtungen, die umgebenden Berge, wie der Herzogstand und der markante Simetsberg.

Die Surfer und die Segler erleben den See anders als der am See Meditierende. Wer oben auf dem Herzogstand steht und auf den Walchensee hinunterblickt, der sieht nur ein schönes TV-Bild, weit weg da unten in den Wäldern liegt das Auge der Erde. Wer abends auf einem Stein am Südufer sitzt, den stillen, ruhigen, glatten See betrachtet, der blickt in den Spiegel der Welt.

Es könnte alles ruhig sein, still und friedlich auf der Erde.

Es muss nichts geschehen. Es muss nichts bewiesen werden.

Der Sinn ist die Stille.

Der See ist das Herz des Waldes.

Der See spiegelt die Welt.

Er spiegelt die Welt, wie sie ist. Wie die Wolken ziehen, wie die Berge ruhen, wie die Wälder leise rauschen im Wind. Ruhig und still wie ein Bergsee sein. Ruhiges und stilles Bewusstsein. Spiegelgleiche Weisheit. Keine Projektionen, keine Phantome, keine Phantasien und Phantastereien. Glatt wie ein stiller Wasserspiegel. Wellenlos.

Akshobhya, der blaue Dhyani-Buddha der spiegelgleichen Weisheit. (Die Dhyani-Buddhas sind das, was im Christentum die Engel sind, Boten Gottes.)

Die Geistesgifte haben alles Wasser von Mutter Erde vergiftet. Die Dummheit und Borniertheit, der Hass und die Aggression, die Egomanie und die Arroganz, die Begierde und die Sucht, die Missgunst und der Geiz. Der stille See könnte alles heilen, wenn man es denn zulassen würde, wenn man es denn wirklich in der Tiefe der Seele wollte. Aber der Mensch sucht das Aufregende. Er sucht den Rausch der Leidenschaften, ob beim Sex oder als Surfer, ob in Konflikten oder beim Kampf. Er ist besessen von seiner Sucht nach Leidenschaften. Die Heilmittel haben alle versagt. Jesus ist gescheitert. Damals. Und dann während der ganzen Geschichte. Der Mensch war und ist nicht zu erlösen. Die Erlösung geschieht durch den Tod – und das heißt für die Menschheit: Untergang.

Das Alte muss sterben. Das Weizenkorn muss in die Erde fallen, sagte Jesus. (Joh 12, 24ff.) Der Weg des Opfers ist unpopulär. Der Weg der völligen Hingabe geradezu absurd in einer Zeit, in der es überall um Ich-Aufwertung und Ich-Darstellung geht. Der Egokult der heutigen Zeit verhindert a priori jede Weisheit.

Ob Jesus auf die Weisheit des Sees hingewiesen hat, wissen wir nicht. Es steht nichts in den Schriften. Vielleicht hat er gesagt, dass sich der Himmel nur im stillen Wasser spiegeln kann. Dass den Himmel erfährt, wer in sich ruht. Wer leer ist von Wellen und Wünschen, der kann Gott empfangen, denn sein Spiegel ist glatt und rein.

Wer lange am See sitzt, kommt ohne Probleme auf diese Gedanken. Er erfährt die Stille des Sees. Er saß sicher lange am See. Es gab keine Ablenkungen, kein Fernsehen, kein Internet. Es gab nur den Himmel und den See. Der Himmel über dem See. Wer auf den stillen See schaut, sieht den Himmel.

13. Der schwarze Himmel

In der Tiefe der Nacht kann man den Gegenpol der geschäftigen Welt erleben. Die Tiefe der Nacht, das sind die zwei Stunden, bevor langsam der Aufgang der Sonne beginnt. Du kannst der Stille des kosmischen Raumes lauschen. Du kannst den Wind des Jenseits hören.

In heutiger Zeit verschlafen die meisten Menschen diese Zeit. Sie schlafen ihren alkoholischen Rausch aus. Oder liegen im bleiernen Schlaf nach einer Party.

Was mag Jesus in diesen Stunden gemacht haben? Wir können vom Gebet in Getsemani lesen. *Mein Vater, wenn es möglich ist, gehe dieser Kelch an mir vorüber. Aber nicht wie ich will, sondern wie du willst.* (Mt 26, 39) Die anderen haben natürlich gepennt. Allen voran Petrus! Sie konnten und wollten nicht wach bleiben. Sie konnten und wollten nicht in die dunkle Tiefe hinunter meditieren. Wie erbärmlich! Nicht einmal zu dieser besonderen Stunde! Aber eigentlich wusste er es doch. Und er wusste von den Dummheiten der Menschen.

Für mich hätte er wissen müssen, dass der Weg des Märtyrers, den er dann gegangen ist, für die meisten kein Weg ist. Gut, das Zeichen des Kreuzes ist über 2000 Jahre letztendlich ein Mysterium, ein dunkles Geheimnis geblieben. Die wirkliche Wandlung des Menschen hat leider nicht stattgefunden. Es ist alles noch so wie zur Zeit der Römer, ebenso gewalttätig, dekadent, verkommen und verlogen. Wandlung geschieht nur, wenn man es innerlich anstrebt und nicht die Nacht verschläft, wie seine „Jünger". Wo waren übrigens die Frauen? Wo war Maria Magdalena? Na, ja, wir haben nur unvollkommene Berichte.

Vielleicht hat er sich kreuzigen lassen, um selbst auf realer Ebene die Erfahrung der Verbundenheit von Leben und Tod zu machen. Den meisten wird das sehr fremd bleiben. Wer extreme Erfahrungen gemacht hat, Nahtoderfahrungen oder „klinisch tot" war, der wird es eher nachvollziehen können. Ansonsten weichen die meisten Menschen lieber aus, berauschen sich an irgendwas, flüchten sich in ihre endlosen Aktivitäten.

In den dunkelsten Stunden der Nacht kann man die Grenzen überschreiten. Man kann das Land der Traumzeit besuchen. Man kann seine Rolle und

Aufgabe erfahren, seine eigentliche, nicht das übliche Menschenspielchen. Man kann durch Jahrmillionen reisen. Man ist für eine Zeit außerhalb von allem, bevor man sich, bewusst oder zwanghaft, entscheidet weiter am Spiel teilzunehmen. Man könnte durch die Tür gehen. Raus aus dem Rummelplatz der Existenz.

Nachts besuchte ihn einmal Nikodemus. Ein Pharisäer, ein „führender Mann unter den Juden". Am Tag wollte er das nicht wagen. Jesus belehrte ihn über die neue Geburt aus dem Geiste, über die Geburt von oben. *Der Wind weht, wo er will; du hörst sein Brausen, weißt aber nicht, woher er kommt und wohin er geht. So ist es mit jedem, der aus dem Geist geboren ist* (Joh 3,8). Der Text erklärt nicht viel. Was hat Jesus tatsächlich gesagt? Hat Nikodemus es verstanden? Haben sie zusammen meditiert? Es geht nicht um eine mentale Aussage, sondern um eine spirituelle Erfahrung. Den schwarzen Himmel muss man erfahren. Man muss nachts meditieren, zwischen zwei und vier Uhr. Es geht nur nachts, weil nur nachts in die Leere geblickt werden kann, wegen der Erdumdrehung, so einfach ist das.

Warum hat Jesus nicht auf die spirituelle Praxis hingewiesen? Es muss ihm doch klar gewesen sein, dass einfache Aussagen nicht richtig verstanden werden. Oder hat er darauf hingewiesen und den Weg gezeigt, aber es hat keiner aufgeschrieben? Protokolle sind schon meist unvollkommen, erst recht Berichte nach Jahrzehnten.

Nur nachts kann man erfahren, was der ganze Kreislauf von Leben und Tod bedeutet. Nur nachts kann man Alpha und Omega verbinden. Dann ist es nicht eine hingesagte, nachgeplapperte Leerformel, sondern eine tiefe Erfahrung des Seins.

Nachts kann man das Reich der Seelen besuchen.

Nachts kann man den Fluss überqueren,
den Fluss zwischen Sein und Nichtsein.

Nachts kann man die Lücke des Todes überspringen.

Nachts, wenn du am Fluss stehst, dann fallen alle Dinge weg. Im Land der Seelen brauchst du keine Dinge, auch keine Schriften und keine Ritualgegenstände.

14. Der Weg des Wanderers

Den Weg kannst du überall gehen. Er ist überall. Er hat keinen Namen, denn er muss keinen Namen haben.

Wie heißt der Weg am Waldrand, den ich gerade gehe? Er ist sicher auf dem Messtischblatt eingezeichnet, aber er hat wohl keinen Namen. Der Weg heißt Weg.

Der Weg am Waldrand führt mal neben dem Wald, mal unter den ersten Bäumen, er führt an der magischen Eiche vorbei und dann hinunter ins Tal. Auf der anderen Seite des Tales stehen alte, magische Buchenhüter. Jede einzelne ein ganzer Kosmos für sich. Eine Welt für sich. Ein Buch für sich.

Im Buch einer Buche lesen. Im Buch des Baumes lesen. Da steht mehr drin als in der Bibel. Da steht vor allem viel drin über das Wachsen zur Sonne, über das Krumme und die wilde Kraft aus den Tiefen der Erde. Da erfahre ich etwas über die wahren Zeiten. Bei den Buchen sitzen meine Freunde – wenn du weißt, was ich meine.

Unter einer alten Buche kann man das Glück und die Kraft finden.

Heute, am frühen Morgen ist hier keiner. Auch kein Jäger, kein Holzfäller. Ihre Spuren sehe ich. Sie treiben ihr Unwesen. Vertreiben kann ich sie nicht, also ignorieren. Die Buchen können nicht fortlaufen. Das Reh kann fortlaufen. Der Bussard davonfliegen und seine Warnschreie in den Umkreis schicken. Ich höre sie. Dort kreisen sie, die Bussarde, die Milane. Es sind eine Menge. Die Jungen dieses Jahres sind dabei.

Unter einer alten Buche ruht das Geheimnis, das keiner beschreiben kann – ich auch nicht.

Denke nicht, dass ich hier etwas erfinde. Ich erfinde nichts. Ich mag das Herumphantasieren nicht. Lehne es ab. Die Welt ist schön und vielfältig, hier auf dem Weg am Waldrand. Man muss es nur erkennen, das reicht völlig aus. Da muss nichts hinzuphantasiert werden. Der Weg ist konkret und real.

Wenn du mitkommen willst, dann komme mit.

Die Großen der Menschheitsgeschichte, wie z.B. Jesus, sind in anderen Regionen gewandert, in anderen Landschaften und Zeiten. Es ist nicht meine, es ist nicht deine Wanderung. Du musst deinen eigenen Weg suchen. Jeder muss seinen eigenen Weg gehen.

Wir müssen endlich unsere eigenen Wege gehen. Kein Hinterherlaufen mehr, keine Pseudoindividualität, keine eingebildeten Geschichten. Nein, wirklich eigene Wege.

Eben ein einfacher Weg am Waldrand.

In deinem Rucksack brauchst du nur kühles Wasser. Keine Schriften, keine Anweisungen. Kein Gebetbuch, kein Katechismus, nichts. Der universelle Geist ist überall, und somit kannst du auch überall den direkten Zugang finden. Du allein. Das Wandern ist die langsame Annäherung. Langsam, Schritt für Schritt, ohne Zwang, ohne Zeitvorgaben, ohne Zielvorstellungen, aber mit offenem Geist und empfangsbereitem Herzen. Das ist sehr wichtig! Ob der Baum zu dir spricht oder der Schmetterling, das wird sich zeigen. Es kann auch der Stein sein oder das krumme Holz.

Warum muss man das erwähnen? Weil es in der Anpassungs- und Untertanengesellschaft keine echte Individualität geben soll. Dann würde die ganze Manipulationsmaschine nicht mehr funktionieren. Sie wollen immer „Soldaten", die reichen Unterdrücker. Für ihre Kriege, für ihre Wirtschaft, für ihre Konsumtempel. Dumme, blinde Soldaten.

Der wilde Weg am Waldrand.

Die anderen lachen nur, oder lächeln zynisch. Ich kenne das zur Genüge. Auch von den sensationsgeilen Menschen. Für die muss es alles spektakulär sein, damit sie es gut verkaufen können. Der Waldrand. Der Weg. Der Eichenbaum. Wer lächelt oder zynische, kritische Anmerkungen macht, zeigt nur, zu wem er gehört. Der Naturmensch geht seinen eigenen Weg in die wilde Natur. Der Weg am Waldrand ist einer der möglichen Wege.

Einer der Autoren, der viele Wege gegangen ist und davon geschrieben hat, ist Hermann Hesse. Lauter Figuren, die auf einer Wanderschaft waren. Goldmund, der auf seinem Weg durch die Welt zur MUTTER, zur Göttin fand. Es waren spirituelle Wege zur Weisheit und Wahrheit des Lebens.

Einfache Wege durch die Landschaften Deutschlands, der Schweiz und Italiens.

Eigentlich ist es eine sehr alte Tradition. Wer etwas Neues sucht, der muss sich auf den Weg machen. Das gilt für jeden. Der Wissenschaftler hat heutzutage sein Labor, wenn er nicht eine Expedition in abgelegene Gebiete macht. Der spirituelle Mensch muss auf eine Wanderung gehen. Wer ein tiefes Verhältnis zur Natur hat oder haben möchte, muss in der Natur wandern – nicht nur im Geiste, nicht nur als TV-Zuschauer, auch wenn er das in heutiger Zeit alles nutzen kann.

Die konkrete Natur bleibt immer der Maßstab für den Naturmenschen.

Die Natur ist das Größere, ist das Göttliche. Die Natur ist der heilige Raum von Mutter Erde. Göttliches und Irdisches gleichermaßen, weil es im holistischen Denken und Fühlen keine Trennung gibt. Der Wanderer erlebt dies in vielen Situationen auf seinem Weg durch die Natur. Seine Wanderung, und damit sein Leben, ist eine Kette von magischen Ereignissen. Durchdrungen vom heiligen Geist der Erde und den kosmischen Einflüssen. Das ist eine universelle Erfahrung. Sie wird immer Gültigkeit haben. Sie ist das Einzige. Denn es gibt nur die Erde und den Himmel, es gibt nur das Wasser und das Feuer, das Licht und den Wind.

15. Die Schönheit des Baumes

Wer unterwegs ist und einen stillen Ort sucht, der findet meist einen Baum. Einen besonderen, heiligen Baum. Eine Linde oder eine Lärche, eine Eiche oder eine Buche. Dieser Baum kann am Rande eines Waldes stehen, wie eine alte Lärche nicht weit von meinen Heimatdorf, oder es kann eine Linde sein auf einem Hügel oder Berg. Ich habe viele Bilder im Kopf von Bäumen an besonderen Stellen.

Wenn man aufmerksam und achtsam ist, kann man sie finden. Noch sind sie von der Erde nicht verschwunden, wenn auch ihre Anzahl arg dezimiert worden ist und wird.

Der Baum hütet die Schönheit der Welt. Was heißt das? Was bedeutet das? Was ist die Schönheit der Welt? Sitzt man als Wanderer unter einem großen, alten Baum, dann kann man die Antworten fühlen und erleben. Man muss dort keine Fragen stellen, weil man in der göttlichen Antwort lebt. Man muss nicht nachdenken, weil man in Ruhe unter dem Baum sitzt.

Die Schönheit ist alles. Die ganze natürliche Welt. Der Baum macht sie besonders sichtbar, spürbar. Aber auch das Gras, die Blumen und die Käfer gehören dazu. Der kreisende Bussard und die zwischen den Steinen huschenden Mäuse. Der moderne, distanzierte Mensch spricht von „Biodiversität". Der Naturmensch erlebt sie, ist nur im Erleben und Erfahren, und weil es für ihn wunderschön ist, ist es auch heilig und göttlich zugleich.

Erde und Himmel sind und bleiben der Bezugsrahmen des Menschen. Daran wird keine Technologie etwas ändern. Es ist geradezu „Blasphemie" zu meinen, man könne eine bessere Schöpfung kreieren. Zwischen Himmel und Erde wird es immer die Verbindung des Lebens geben, die der Baum besonders gut zum Ausdruck bringt. So liegt es nahe vom Baum des Lebens zu sprechen. Das wird dem Wanderer zum Erlebnis. Alles ist verbunden zwischen Himmel und Erde. Der Wanderer ist nur ein kleiner Teil, wie der Bussard oder die Maus, nur ein wandelnder Mensch auf seinem Weg durch die Weite der Landschaft oder sitzend in Stille unter dem Dach des Baumes. Gelehnt am Stamm sitzt er an der Achse der Welt, und gleichzeitig im Kreislauf des Seins.

Bekannt ist: Buddha saß unter einem Baum, dem Bodhibaum. Die Schamanen der Steinzeit hatten sicher alle ihren besonderen Baum – wie ihre Höhle, ihren Berg, ihren Stein, ihren Fluss etc. – und es waren meist alte, große, starke Bäume. Wie eine uralte Linde, die man hier und da noch finden kann. Jesus saß sicher ebenfalls öfter unter einem Baum, einem Ölbaum oder einem Feigenbaum, auch wenn wir davon kein Foto haben. Den Wanderer (Jesus war ein Wanderer, ein „Hausloser" wie die indischen Saddhus) zieht es zum Baum, weil der Baum die Ruhe und die Kraft ausstrahlt, die der Wanderer auf seinem Weg verloren hat. Beim Baum gewinnt er sie zurück.

Der Baum verbindet ihn mit der fernen Vergangenheit, denn der Baum ist schon lange da. Er lebt schon seit Jahrhunderten an diesem Platz. Und er verbindet ihn mit der unbestimmten Zukunft, denn er wird noch lange hier leben. Früher war das mehr eine Gewissheit als heute. Eine schnell dahinrasende Zeit ist keine Zeit des göttlichen Geistes, sondern kommt von der störenden Gegenkraft. Der Baum zeigt uns, wie ewiges Leben sein könnte, relativ gesehen. Mehr braucht der Mensch nicht, mehr braucht sein Herz nicht. Auf den Verstand, der immer das Absolute, Totale sucht, muss man nicht hören. Er ist eh nie zufrieden, weil er ein Kind der Gegenkraft ist. Das Herz kann den Strom des Lebens unter dem Baum spüren, alles als schön und heil empfinden.

Weil Gott immer schön ist, ist Gott eine Göttin.

Die Logik des Herzens ist eine andere als die des eigensinnigen Menschenkopfes. Ob man sie Aphrodite wie die Griechen nennt, ist nicht wichtig. Das Erlebnis ist das Wahre. Die Künstler haben es so empfunden, und Abertausende von Marienfiguren geschaffen. Erst die modernen Künstler, die sich dem Kranken und Hässlichen verschrieben haben, haben den Sinn für die wahre Schönheit verloren. So haben sie sich in ihren seelisch kranken Konstruktionen verloren. Wie die Technokraten in ihren Maschinenwelten. Das Göttliche steht nicht mehr im Zentrum, und zieht sich zurück. Die Seele verliert man immer an den Teufel, der tausend Namen hat. Der Meister der Verwirrung beherrscht die gegenwärtige Zeit und lacht sich kaputt.

Unter einem alten Baum kannst du deine Seele wiederfinden. Dort findest du die Harmonie und die Weisheit des Wachstums, die mit den paranoiden

Wachstumsideologien nichts zu tun hat. Dieses Wachstum ist still und langsam und schafft eine schöne Welt.

Der Baum zeigt dir die Vielfalt des Lebens. Er ist ein Symbol dieser Vielfalt. Das betrifft die Vielfalt der Natur, die Vielfalt der Lebensformen, und die Vielfalt der Wege zu Gott. Es gibt einen universellen Geist der ganzen Natur, des ganzen Universums, des ganzen Seins, diesseits und jenseits, denn alles hängt zusammen und ist verbunden. Das ist die Ganzheit des Seins. Alle spirituellen Wege sind gut, ob schamanisch oder keltisch, christlich oder buddhistisch, hinduistisch oder taoistisch, jüdisch oder islamisch, griechisch oder ägyptisch, afrikanisch oder amazonisch, alle sind gut, wenn sie dich zu der Einheit und Verbundenheit führen – und eher schlecht, wenn sie entzweien, zu Streit oder gar Hass führen.

Gott hat eine Welt der Vielfalt geschaffen. Das ist sinnvoll und schön. Das gilt es nicht nur zu verstehen, sondern zu schätzen und zu lieben. Das gilt es vor allem zu fühlen, zu erfahren in der wilden Natur. Gott war kein Plantagenbesitzer, der nur eine Baumsorte wollte, sondern er liebte den Urwald! Gott war kein Monotheist, kein monodimensionales Wesen. Gott war und ist kein Monopolist. Das ist der Mensch, der kranke Mensch, der seine dumme Menschenordnung der Erde aufzwingen will. Der dumme Militarist. Der dumme Mammon-Anbeter!

Der Urwald ist die farbige, vielfältige Welt. Der Urwald ist die komplexe, vernetzte Welt der Vielfalt, in die der moderne Mensch nur dreinschlagen kann in seiner Gier nach Gold und Geld. Das Licht entfaltet sich liebend in unendlich viele Formen und Farben, die alle nebeneinander existieren. Die alle sinnvoll sind. Die alle ihre Form der Schönheit zum Ausdruck bringen. Ein großer, alter Baum ist wie ein Repräsentant des Urwaldes.

Wenn ich unter einem großen, alten Baum sitze, wie der Pappel nordöstlich von Uehrde, dann sehe ich den Urwald. Ich sehe ihn auch in meinem Dschungelgarten und natürlich im Zauberwald.

Der große, alte Baum ist der heilige Baum.

Der heilige Baum ist der schöne Baum.

16. Der Atem des Meeres

Ich bin das Alpha und das Omega. Ich bin der Anfang und das Ende. Sagte er, sagte das Meer. Das Meer redet in Tönen, zuweilen in Winden und Stürmen. Das Meer rauscht es, den Anfang und das Ende, den Kreislauf des Atems, jeden Tag, jede Stunde, immer, seit ewigen Zeiten.

Was mag er gedacht und gefühlt haben, als er am Mittelmeer stand. Wir wissen es nicht. Aber wir müssen es auch nicht wissen, denn am Meer kann man immer nur dasselbe denken und fühlen. Wir kommen vom Meer, wir verschwinden im Meer.

Das Meer habe ich schon immer verstanden.

Der Menschen Worte verstand ich nie, dichtete Hölderlin, Deutschlands größter naturmystischer Dichter – und das ist keine rein persönliche, subjektive Wertung. Ich weiß, wovon ich rede, denn ich habe meine Examensarbeit über Hölderlin geschrieben, über seine vaterländischen Gesänge. Er verstand den Äther, den Eichenwald, die Flüsse und das Meer. Hölderlin, den der Wahnsinn „kreuzigte", weil er das Leben unter den germanischen „Barbaren" unerträglich fand.

„Tiefunfähig jedes göttlichen Gefühls", schreibt er am Anfang des berühmten Briefes an Bellarmin am Ende seines Hyperion. Den einen wird das zu pauschal sein, andere werden widersprechen, und die Klugen werden mit den psychoanalytischen Erklärungen kommen. Dennoch, Hölderlin hatte erkannt und darunter gelitten, dass spirituelle Sensibilität in Deutschland keinen echten Stellenwert hatte. So blieb er ein „Fremdling", wie er es selbst nannte. Vielleicht hätte er es aber auch anders gesehen, wenn er katholisch gewesen und in Bayern aufgewachsen wäre – wer weiß?

Ich hatte nie Probleme, das Meer zu verstehen. Om Ah Hung, so rauschte es immer. Lange bevor ich das tibetische Mantra kennenlernte, hörte ich es. Die Ebbe und die Flut, es war für mich von Anfang an vertraut, weil ich es täglich erlebt habe. In meinen Adern fließt Meerwasser.

Die ganze dumme Technologie des Menschen wird im Meer versinken. Die Schlachtschiffe und U-Boote, sie sind alle versunken. Die Ölplattformen werden folgen. Alles wird folgen, auch die Windräder, weil der Mensch mit seinem Metallzeug die lebendige Erde beleidigt und schändet. Deshalb! Weil er die Weisheit des Meeres nicht verstanden hat, und auf diese Weise auch niemals verstehen wird, weil er ganz einfach den Seehunden oder den Möwen nicht zugehört hat.

Ich habe schon als Kind den Tieren des Meeres zugehört.

Ist das Meer eine Göttin, fragte ich mich, als ich am Strand von Wangerooge aufs Meer blickte. Hat es überhaupt einen „göttlichen" Stellenwert oder ist es einfach nur allgemein die „Schöpfung"?

Wer am Meer steht, oder darin badet, sieht und spürt mehr, als er denken und sagen könnte. Jeder Satz ist zu klein für das Meer. Jedes Wort sowieso. Es ist das große, atmende Wesen des Wassers auf der Erde. Es atmet, es hat seinen Rhythmus der Gezeiten, es hat seinen Kreislauf der Strömungen. Um so schlimmer, was der kranke Mensch auf dem Meer, bzw. den Meeren weltweit tagtäglich treibt.

Die Meere müssten wieder rein werden, und ursprünglich. Aber die Zeiten der Verschmutzung sind noch nicht vorbei, und die Zeiten der Reinigung noch lange nicht. Das Meer, die Nordsee wird alle Inseln verschlingen. Ich habe es schon vor Jahren in meinen Albträumen gesehen. Es wird alles verschwinden. Es wird kein Wangerooge mehr geben.

Himmel und Erde, davon ist oft die Rede. Die Götter der Männer wohnen im weiten Himmel. *Vater unser im Himmel*. Mutter Erde wurde vernachlässigt. Manche sehen und ehren sie heute. Das Meer wartet noch. Es ist größer und universeller als Himmel und Erde zusammen. Der Mensch kann es nicht erfassen, auch wenn er überall seine genauen Seekarten hat, seine Bojen und seine Leuchttürme, auf Wangerooge, auf Helgoland. Das Meer ist das große Wesen des Planeten. Jetzt wird es erwachen und uns alle fortspülen, uns, den Dreck, den Müll, denn was wir hineinwerfen, das sind im Grunde wir.

Es war so schön, als es nur Wind und Sand und Meer gab.

Wer das Meer liebt, kann nur traurig sein. Allein die Tatsache, dass die Delphine im Golf von Mexico in einer Benzinbrühe schwimmen, es notgedrungen müssen, so lange sie noch leben, überleben. Von den toten Muscheln und Fischen redet eh keiner.

Wie kann man nur ein Meer verdrecken! Seid verflucht ihr Menschen, ich hasse euch, rief ich in den brausenden Wind. Ich kann solche Wesen nicht lieben. Gott mag ja alles lieben, und alles verzeihen, mag sein. Ich nicht! Und ich will es auch gar nicht!

Es war so schön, als es nur Wind und Sand und Meer gab!

Alles war rein und gesund.

Der Sand war rein und der Wind war gesund.

Starke Gefühle sind in heutiger Zeit nur auf der positiven Seite erlaubt – die negativen sind tabuisiert. Trauere nicht zu intensiv, hasse nicht zu stark und leide vor allem nicht zu sehr. Vielleicht haben sie Angst vor starken Gefühlen. Vielleicht haben sie Angst, von Gefühlen überwältigt zu werden oder sich überwältigen zu lassen.

Eine zu fromme Hingabe ist auch unerwünscht. Mit Befremden betrachten es die vom Verstand geprägten Leute. Warum wirft sich der Tibeter endlos vorm Jokang in den Staub, buchstäblich: in den Staub? Der Chinese steht daneben und blickt mit Verachtung herab. Bei uns ist es nicht viel besser.

Wer liebt, der hasst auch. So ist das Spiel des Wechsels und der Wandlung. Das Werden impliziert das Vergehen. So war es immer. Das Spiel der Gegensätze. Alles auf ein neutrales, lauwarmes Niveau zu bringen, scheint mir nicht sinnvoll. Andererseits sind Extreme immer problematisch. Die Extreme der Wirtschaft will jedoch keiner sehen. Ebenso die Extreme der Genüsse, der Gier und der Bequemlichkeit. Beim Hass kommen sie dann mit ihren billigen Pseudoweisheiten.

Jesus hatte sie gehasst. Die Heuchler, die Scheinheiligen! Aber hinter seinem Hass stand die universelle Weisheit. Das ist der entscheidende Unterschied zu den Menschen, die nur hassen können, die eben nicht die Ebene der universellen Weisheit und inneren Gottverbundenheit haben.

Eine Gattung, die ganze Meere verseucht, kann ich nur hassen. Sie ist aus der Harmonie und dem heiligen Gleichgewicht der Erde herausgefallen. Sie hat gegen MUTTER ERDE gefrevelt. So eine Gattung kann und sollte verschwinden. Sie hat ihre Chance verspielt und kann jetzt abtreten. Es ist eine globale Tragödie, aber es lässt sich nicht mehr umkehren.

Das Meer erzählt mir mit seinen wilden Wellen vom großen Untergang.

Der neue Horizont, der klare Himmel nach der Reinigung der Erde ist noch weit entfernt. Die Tragik des eigenen Lebens besteht darin, dass man ihn nicht mehr erleben wird, nicht in diesem Leben, nicht in dieser Form der Individualität.

Die Seehunde und Möwen waren klüger. Sie hatten und haben die natürliche Intelligenz der ganzen Natur, und nicht ihre Süchte und Phantome wie der Mensch. Sie schwammen und flogen durch die Dimensionen hindurch. Sie werden mit Sicherheit überleben.

Die fliegenden Möwen sind der Trost der leidenden Seele.

Seit vielen Jahrzehnten versuchen sie verzweifelt die Insel gegen den Wandel festzuhalten. Sie wollen, das alles so bleibt, auf Wangerooge und den anderen Inseln. Sie wollen keinen wandernden Wind, keinen wandernden Sand. So ist der Westen der Insel wie eine Trutzburg gegen das böse Meer. Immer mehr Steine müssen sie heranfahren. Neue Steinwälle im Westen, im Osten. So wird die Insel immer unnatürlicher an der Küste. Steine, die aus dem Gebirge herausgerissen werden, um hier einen Schutzwall gegen den Feind, gegen das Meer zu errichten. Es müssen Abertausende von Steinen sein, Abertausende von Tonnen, die sie allein in den letzten Jahren im Westen und im Osten, aber auch im Norden für den millionenteuren Küstenschutz herangeschafft haben.

Das Meer ist ein lebendes Wesen. Es wird sich nicht zurückhalten lassen. Es wird sich ausdehnen und die Inseln überfluten. Es gibt sowieso zu viele Häuser. Viel zu viele Häuser auf der kleinen Insel Wangerooge – und dann bauen sie noch weiter, in ihrem Handlungszwang, den sie nicht aufgeben können. Sie lieben nicht das Meer, sie beten es nicht an, die Macher und Manager, sie hassen es, denn es ist ihr großer Feind. Tausende von Windräder wollen sie in den Meeresboden rammen. Das ist ihr frevelhafter Umgang mit der Göttin des Meeres. Aber das verstehen die herzlosen Parasiten nicht, denn sie haben nur ihr destruktives Suchtprogramm.

In den Psalmen ist oft vom „Frevel" die Rede. Das mag einen stören. Aber wir erleben es jeden Tag, den Frevel gegen die Erde, gegen das Meer, gegen die ganze Natur, jeden Tag. Und wenn die Sintflut kommt, wie in Pakistan, oder das Feuer, wie in Russland, dann schreien sie herum und wollen nicht einsehen, dass sie nur die Quittung für ihren Frevel bekommen.

Die fliegenden Möwen bleiben der Trost der Seele.

Der Schutz der Natur ist keine Frage der menschlichen Aktionen und Etiketten wie „Weltnaturerbe" sind lächerlich. Es geht um eine andere innere Einstellung, die aus dem Herzen kommen muss. Wer nicht die ganze Natur lieben und verehren kann, der hat im Grunde auf dem Planeten nichts zu suchen. Es gibt zu viele Parasitenmenschen, das ist die Wahrheit, die keiner hören will. Süchtige können und wollen niemals hören, weil es eben ein Merkmal ihrer Sucht ist, im Aktionismus gefangen zu sein. Als ich große Wandergruppen beobachtete, die aufs Watt liefen, um es mit einem Wattführer zu erkunden, dachte ich: Lasst es doch mal in Ruhe, das Watt. Lasst den Wattwurm doch einfach mal in Ruhe!

Wenn wir wie die Delphine schwimmen könnten, dann wären wir gesund. So bleiben wir alle kranke Wesen und schauen den Möwen hinterher. Wie schnell eine Möwe ist! Wie schnell und leicht sie durch den Wind fliegen kann! Wir Menschen sind träge, fette „Schweine". Uns fehlt eine echte, gute natürliche Intelligenz. Eine Intelligenz, die mit dem Meer schwingt. Der ganze technische Kram ist nur ein erbärmlicher Ersatz für das, was uns fehlt: eine echte, wahre Natur. Die Seehunde haben sie. Die Möwen haben sie. Der Wattwurm hat sie.

Es geht nicht um subjektive Misanthropie oder persönliche Traumata, sondern darum, dass der Mensch, der *homo technologicus*, ein Irrweg der Natur ist, eine Störung, eine Krankheit, deren letztes Kapitel wir jetzt in der Zeit der Klimakatastrophe hautnah erleben.

Das Meer wird das Meer bleiben. Auch wenn es lange, sehr, sehr lange brauchen wird, um die ganzen Plastikmassen, die ganzen Fäkalien der Milliarden und den ganzen Atom- und Giftgasmüll zu verdauen. Die Menschen bilden sich immer ein, sie wären so bewusste Wesen. Ja, sicher, manchmal, aber eher sind sie große Verdrängungskünstler. Der größte Teil des Öls im Golf von Mexico ist verschwunden. Hahaha! Dass im Pazifik riesige Mengen an Plastik – so groß wie Europa! – herumschwimmen, man hat es schnell wieder verdrängt. Das Meer wird sich reinigen, nicht wir das Meer, denn wir sind der Schmutz, der verschwinden muss. So ist es. Wären wir Kinder des Meeres – so wie Kinder Gottes oder Kinder von Mutter Erde – dann wären wir ehrfürchtig am Meer stehen geblieben. Da wir nicht zurück können, müssen wir eben untergehen. So ist der tragische Lauf. Unsere Menschheitsgeschichte ist eine Art griechische Tragödie. Der letzte Akt hat eben begonnen, er geht schnell vorbei.

Die Lachmöwen werden lachen. Sie lachen heute schon, wenn sie über die am Strand herumliegenden Fettwesen, die sich selbst in der Sonne braten, fliegen. Was machen die bloß da unten? Sie lachen und fliegen weiter dorthin, wohin kein Menschenwesen kommt. Auf die Sandbänke. Aufs freie Meer.

Gestern sah ich eine Dokumentation über das ÖL, der Stoff, nach dem diese Gesellschaft süchtig ist. Wie soll man diese Sucht, diese *addiction* stoppen, wenn man sich und wuselnden Milliarden ansieht und die endlosen, endlosen Autoschlangen überall auf der Erde, wie? Die Erde ist krank – und stürzt zurück in die Jura-Zeit. Das sind keine apokalyptischen Visionen von mir, also subjektiv und damit belanglos, nein, man schaue sich einfach die Fakten an. Die nackten Tatsachen. Die Tatsachen des Öls.

Immer hatte ich Öl und Teer am Meer gefunden. Schon in meiner Kindheit vor über 50 Jahren. Oder vor über 30 Jahren am Strand des Atlantik in Frankreich. Wenn man nicht aufgepasst hatte, hatte man sich die Füße verdreckt. Aber was bedeutet das schon, wenn man an die vielen Seevögel denkt und die Fische im Meer.

Eine Zivilisation, die solche Mengen an Gift ins Meer, von dem unser aller Leben abhängt, wirft, ist keine Zivilisation, sie tut nur so, es ist ein autodestruktives Massenphänomen. Eine süchtige Selbstzerstörungspirale. Warum die Erde das macht oder zulässt, warum sie es sich selbst antut, es ist mir ein Rätsel. Warum Gott nicht direkt eingreift und sagt: SCHLUSS JETZT!, ich verstehe es nicht. Kann er nicht, will er nicht?

Oh mein Gott, es reicht doch schon lange,
mach Schluss mit dem Theater, greif ein
und beende den Wahnsinn auf Erden!

Stern des Meeres – so lautete eine Metapher für Maria. Aber wer verehrt den Stern oder das Meer? Wer betet es an, das heilige Meer? Maria war rein, aber der Strand ist heute besudelt, ob mit Teerklumpen oder Plastikflaschen, oder den für uns unsichtbaren Spuren der Chemikalien.

Oh heiliger Stern des Meeres,
reinige das Wasser und den Strand.

Aber nichts geschieht. Die Leute am Strand wuseln herum wie eh und je, und vermehren sich weiter, die Öltanker fahren weiter am Horizont, die grauen Kriegsschiffe – denn die Marine kann nicht loslassen von ihrem Paranoia-Programm – und die weißen Segelschiffe der Reichen, die ihr schmutziges Geld für tolle Jachten ausgeben. Alles wie gehabt. Alles wie immer. Und fröhlich segeln sie, die betrunkenen Narren, in den Untergang.

Oh heiliger Stern des Meeres,
reinige das Wasser und den Strand,
zeige den einfachen Weg der Reinheit,
den Weg des reinigenden Atems,

befrei uns von der Macht des Metalls,
den Süchtigen und Unersättlichen,
zeige den Weg des einfachen Lebens,
mit Feuer und Wasser, mit Erde und Luft.

Die fliegenden Möwen sind der Trost der Seele. Ich schaue den fliegenden Möwen zu.

Himmels-Weg zum Meer, Wangerooge

17. Das Feuer im Herzen

Beim Märtyrer hört der Spaß auf. Beim Märtyrer gibt es keine Wellness, sein Weg ist das Gegenstück zur Wohlfühlspiritualität, die unbestimmt und nichtssagend ist wie eine Body-Lotion.

Den Märtyrer verbinden Menschen im Westen heutzutage erst einmal mit den Muslimen. Bei uns will keiner in den Tod gehen, schon gar nicht für irgendeine Überzeugung. Man ändert lieber seine Überzeugung, ist doch sowieso alles relativ. Einerseits und andrerseits, man ist lieber Sophist. Der moderne Großstadtmensch ist ein Sophist, der über alles klug daher reden kann, stundenlang ohne Pause.

Dabei hat die christliche Tradition eine Vielzahl von Märtyrern, angefangen mit Stephanus, den die Juden gesteinigt haben.

„Ihr Halsstarrigen, ihr, die ihr euch mit Herz und Ohr immerzu dem Heiligen Geist widersetzt, eure Väter schon und nun auch ihr. Welchen der Propheten haben eure Väter nicht verfolgt? Sie haben die getötet, die die Ankunft des Gerechten geweissagt haben, dessen Verräter und Mörder ihr jetzt geworden seid, ihr, die ihr durch die Anordnung von Engeln das Gesetz empfangen, es aber nicht gehalten habt." (Apostelgeschichte 7, 51-53)

Also gar nicht erst mit Stephanus, schon vorher. Und durch die ganze europäische Geschichte hindurch bis in unsere Zeit, in der es zwar keine Scheiterhaufen und keine Kreuze mehr gibt, aber eine Vielzahl von Formen des seelischen Todes.

Für die „Halsstarrigen", die sich selbst als klug und vernünftig bezeichnen, ist der Märtyrer ein Verrückter, der für eine falsche Überzeugung in den Tod geht. Vor Jahrhunderten war die christliche Kirche stolz auf die Märtyrer. Heutzutage wohl kaum. Es hängt ganz davon ab, welche Position man bezieht, auf welcher Seite man steht.

„Als sie das hörten, waren sie aufs Äußerste empört und knirschten mit den Zähnen. Er aber, erfüllt vom Heiligen Geist, blickte zum Himmel empor ..." (a.a.O.)

Der Märtyrer ist erfüllt von seinem Feuer im Herzen. Er hat keine starre Ansicht von irgendwas, wie manche meinen, sondern eine innere, feurige Erfahrung aus und in der Mitte seines Seins. Er blickt in eine andere Richtung als die Alltagsmenschen. Er blickt in die höhere Dimension, weit jenseits animalischer Gefühle. Da sind viele noch ganz „Affe", schreien, toben und knirschen mit den Zähnen. Als ich das begriffen hatte, bin ich weggegangen. Ich habe meist die Flucht oder den Rückzug gewählt. Die Konfrontation erschien mir sinnlos und aussichtslos.

„Dann werdet ihr erkennen und einsehen, dass in mir der Vater ist und ich im Vater bin. Sie wollten ihn festnehmen; er aber entzog sich ihnen. Dann ging Jesus wieder weg auf die andere Seite des Jordan, an den Ort, wo Johannes zuerst getauft hatte; dort blieb er." (Joh 11, 38-40)

Das psychologische Muster ist uralt. Die Propheten sind unerwünscht. Man will sie nicht. Sie stören den Alltagsbetrieb, die laufende Produktion. Sie stören die normale Ruhe, die Untertanenruhe. Ruhe ist die erste Bürgerpflicht, das gilt eigentlich immer noch. Wer den Untergang prophezeit, der macht das System schlecht, und das ist ja gut, weil es mächtig ist, Brot und Spiele bietet, oder modern formuliert, Fleisch und Süßigkeiten, und jede Menge Shows im Fernsehen. Die Propheten waren immer unerwünscht. Man könte eine Geschichte des Märtyrertums schreiben, wenn es nicht schon jemand gemacht haben sollte. Die Geschichte ist ein Kreuzweg, jede Menge Kreuze links und rechts mit Abertausenden von Märtyrern. In der Mitte, auf der Autobahn, da fahren die Urlauber, hören laute Musik und futtern Süßigkeiten.

Und ich verschwand in den Wäldern. Ich bin immer in irgendeinem Wald verschwunden, in meiner Kindheit, in meiner Jugend, und heute immer noch.

*

Das Feuer ist das magische Element schlechthin. Macht, Magie, Wärme, Gefahr, Zerstörung. Alles ist im Feuer. Von den Schamanen der Urzeit bis in unsere Zeit reicht die Spur des Feuers. Noch beherrscht der Mensch nicht das Feuer. Er meint es nur, bildet es sich ein. Dabei brennen die Wälder. Er verbrennt die Erde in seinem Feuerwahn. Der Feuerteufel ist er selbst.

Das innere Feuer jedoch, das geistige Feuer des Herzens ist ohne Zerstörungskraft, denn es übt keine Gewalt gegen andere und gegen die Erde aus. Wer Gewalt ausübt, hat ein böses Feuer in sich. Ein Vernichtungsfeuer, das ihn am Ende immer selbst trifft. Märtyrer, die Gewalt ausüben, sind keine, sondern Fanatiker, auch wenn sie sich anders nennen mögen. Falsche Begriffe zu verwenden gehört zum Spiel des Teufels. Er nimmt immer falsche Namen, damit man ihn nicht erkennt, jedenfalls nicht sofort. Selbst „Papst" nannte er sich vor Jahrhunderten, und war doch definitiv keiner. Der Meister der Täuschungen ist intelligent und sehr kompetent.

Wer ein inneres Feuer hat, legt weniger Wert auf Intelligenz und Kompetenzen. Er lebt aus seiner starken Erfahrung. Es brennt in ihm. Das lebt und zeigt er. Mehr eigentlich nicht. Er will keinen überzeugen und schon gar nicht zu irgendwas drängen. Manipulationstricks sind ihm völlig fremd. Er gibt nur Zeugnis ab, von seiner inneren Gott-Verbundenheit. Das hat Jesus getan – und alle Nachfolger.

(Hinweis: die griechische Wurzel des Wortes Märtyrer bedeutet: Zeuge sein.)

Die Gewalt geht von den anderen aus, die ihn nicht verstehen, nicht verstehen wollen, die ihn hassen, die Steine werfen, wie die Juden damals (Ich frage mich: Wie oft ist von Steinigung die Rede in der Bibel?), und die ihn schließlich ans Kreuz nageln lassen, es nicht mal selbst machen, sie lassen es machen, die Scheinheiligen! Die Gewalt ist die Gewalt der Mächtigen, der Herrschenden und ihrer Soldaten, die immer bereitwillig zuschlagen, auspeitschen, foltern, quälen und am Ende töten, von den Römern bis zu den Amerikanern und Chinesen der heutigen Zeit. Widerlich, ekelhaft!

Beim inneren Feuer hat man eine starke Überzeugung, die aus einem intensiven Fühlen kommt. Das ist keine mentale Sache. Aber das Fühlen ist viel mehr als nur Emotionales. Der Märtyrer – also der Zeuge der inneren Wahrheit und Gewissheit – kann gar nicht anders. Das macht die anderen so wütend und zornig, dass sie *Ans Kreuz mit ihm!* schreien. Seine innere Gewissheit, sein inneres Feuer haben sie selbst nicht. Sie spüren ihr eigenes Defizit. Hassen, das können sie, schreien und toben, oder eben klug und gebildet daher reden, was in heutiger Zeit bevorzugt wird, weil man nicht zu emotional sein will, sondern kühl und nüchtern. Beide Formen kompensieren aber nicht das Defizit. Das müsste man zugeben, ganz einfach zugeben.

Die Gläubigen bei Jesus, sie haben sich völlig geöffnet und somit konnte der Geist des Feuers wirksam werden. Das Feuer des Himmels kann nur bei intensiver Hingabe brennen. Gedanken oder Gefühle der Abwehr wirken wie Wasser auf das Holz. Da brennt kein Feuer. Da entsteht höchstens Rauch und Qualm.

Der Märtyrer brennt wie eine nie versiegende Gasquelle. Wie die Feuer in Aserbeidschan. Er brennt wie die nie verlöschenden Feuer am Ganges. Unsere Feuer brennen in der Gasheizung und im Verbrennungsmotor. Rund um die Uhr, jahrein, jahraus.

Es hat aber eine andere Qualität, wenn man an einem richtigen Feuer sitzt. Wenn man alles selbst gemacht hat, vom Suchen und Auswählen des Holzes, vom Anzünden bis zum Ende, dann ist es das eigene Feuer. Es ist eine besondere Erfahrung, wenn man am Feuer sitzt, singt und trommelt, wenn man mit den Flammen träumt und meditiert und seine Seele wandern lässt, wenn man den Gott des Feuers erkennt und spürt.

Der Gott des Feuers hat keinen Namen, weil er keinen braucht. Die Idee mit den Namen und Gestalten ist eine menschliche Idee. Das Wesen west, WYRD ist im Werden und Vergehen, es lebt in allem und durchdringt alles. Es ist niemals mit menschlichem Maß zu erfassen. Das Feuer der Erde, das Feuer der Sonne, das Feuer des Universums. Es bleibt für immer jenseits unseres Einflusses. Das gilt es endlich völlig zu akzeptieren, und dann kann man jede unsinnige Entwicklung sein lassen, um sich ganz auf das WESENTLICHE zu konzentrieren, dem man sich durch Versenkung, durch Gesang und Gebet annähern kann.

Das ist der Weg des inneren Feuers.

Das innere Feuer entzündest du durch tiefe Gebete.

Das innere Feuer brennt im Raum der Stille.

Das innere Feuer ist wie eine Kerze, die den Geist Gottes im Hologramm reflektiert.

Das innere Feuer trägt dich in die andere Welt.

Das ist die „geheime" Botschaft auf den Herz-Jesu oder Herz-Maria Bildern, deren Wesen identisch ist, weil es in der höheren Einheit keine Trennungen mehr gibt.

Im inneren Feuer begegnest du Gott.

Hinweise für eigene spirituelle Erfahrungen:

- Kontinuierliche Studien betreiben. Die guten Bücher (z.B. Thomas von Kempen, Die Nachfolge Christi) durcharbeiten. Mehrmals lesen. Mit der Bibel kann man sich Jahrzehnte befassen.
- Heilige Orte aufsuchen. Wenn möglich, öfters besuchen, um den Ort und seinen Geist mehr und mehr zu erfassen.
- An spirituellen Seminaren teilnehmen.
- Regelmäßige, intensive Praxis. Z.B. jeden Tag wenigstens eine halbe Stunde meditieren.
- Auf die eigene, innere Stimme hören.
- Authentisch und absolut ehrlich sein, zu sich selbst und anderen gegenüber. Kein Getue, keine Spielchen, keine Maskerade etc.
- Ungewöhnliche Erfahrungen suchen, indem man sich mit Neuem, Andersartigem konfrontiert. Ist man Christ, sollte man einmal ein buddhistisches Kloster besuchen, und umgekehrt – das nur als ein Beispiel. Will sagen: 1 Beispiel von 1000.
- Kreativ sein: eigene Lieder, Gebete, Zeremonien entwickeln.
- Kreativität, z.B. Ölmalerei, kann auch ein spiritueller Erfahrungsweg sein. (Siehe S.145)
- Andererseits: auch öfters an festgelegten Ritualen teilnehmen, z.B. der Heiligen Messe.

Literaturverzeichnis:

1. Badde, Paul: Heiliges Land, Auf dem Königsweg aller Pilgerreisen, Gütersloh 2009
2. Bonhoeffer, Dietrich: Nachfolge, München 1937
3. Douglas-Klotz, Neil. Das Vater Unser. Meditationen und Körperübungen zum kosmischen Jesusgebet. München 2007
4. Goslar-Hahnenklee, Gustav-Adolf-Stabkirche, Kirchenkatalog, Passau 2007
5. Gruber, Elmar R. und Holger Kersten: Der Ur-Jesus. Die buddhistischen Quellen des Christentums, München 1994
6. Fredriksson, Marianne: Maria Magdalena, Frankfurt a.M. 2007
7. Grün, Anselm: Bilder von Jesus, Münsterschwarzach 2001
8. Hellinger, Bert: Vom Himmel, der krank macht, und der Erde, die heilt. Stuttgart 2009
9. Kempen, Thomas von: Die Nachfolge Christi, Stuttgart 2008
10. Osho: Die verbotene Wahrheit, Osho spricht über das Thomasevangelium, Zürich 1998
11. Osho: Ich aber sage euch – Osho spricht über Jesus-Worte aus dem Neuen Testament, Zürich 1995
12. Pagels, Elaine: Das Geheimnis des fünften Evangeliums, München 2009
13. Seewald, Peter: Jesus Christus, die Biografie, München 2009
14. Yogananda, Paramahansa: Der Yoga-Jesu, Los Angeles 2009
15. Zink, Jörg. Gotteswahrnehmung – Wege religiöser Erfahrung, Gütersloh 2009
16. Zink, Jörg: Jesus, Funke aus dem Feuer, Stuttgart 2008

Wolf E. Matzker, geb. 1951. Mystiker, Dichter und Künstler. Kunst: magisch-realistische Ölbilder von Tieren und Landschaften, spirituelle Elementarkunst in wilder Natur, Ritualkunst. Der Autor erforscht, lebt und praktiziert spirituelle Wege seit seiner Jugend.

Wangerooge – Seeleninsel, naturmystische Gedichte, 2010.
Schamanismus als moderne Naturreligion – Grundlagen und Wege eines spirituellen Schamanismus, 2010
Der Geist der spirituellen Erfahrung, Über Jesus und den Weg des Himmels, 2010, 2016
Die Kraft des Schöpfers, 2011
Die Unsterblichkeit der Seele, 2011
Wilder Brocken, Über Deutschlands heiligen Berg der Dichter, Maler und Naturverehrer, 2013
Der Wolf – Krafttier der Seele. Über den Wolf im feinfühligen Schamanismus der Natur, 2014
Adler im Schamanismus, Adler, Rabe und andere Vögel im schamanischen, naturmystischen Weltbild 2015
Weitere Informationen unter: www.visionhill.de

In den Landschaften des süddeutschen Raumes finden sich viele Wegkreu-
ze, z.B. unter großen Linden. Dort kann man Rast machen, beten, singen
und meditieren, oder ein kleines Ritual vollziehen.

Dies Bild zeigt einen Ausschnitt aus einem eigenen Ölgemälde von einem Gipfelkreuz in Südtirol. Ich wollte sowohl den magischen Ort realistisch darstellen als auch die Energien und Schwingungen durch den Malstil zum Ausdruck bringen. Beim Kreuz geht es immer auch um Überwindung, Transformation und die Dimension des Transzendenten. Orte wie diesen muss man allerdings selbst besuchen und im Gebet oder Gesang spirituell erfassen.

Dieses Foto zeigt eine Herz-Jesu Figur aus Oberammergau, geschaffen von Max Keller. Die Symbole auf der Brust drücken das Leid und die Überwindung aus, indem die Herzensweisheit das Zentrum des Lebens ist. Das Holz ist wie der Weg von Jesus einfach, elementar, erd-verbunden, sanft, freundlich und voller Mitgefühl für alle.

Dieses Foto zeigt den Autor am Ufer der Isar. Er singt das aramäische Vater Unser. Abwûn d´bwaschmâja. O Du! Atmendes Leben in allem, Schöpfer(in) des schimmernden Klanges, der uns berührt. (Mehr zu dem Text bei: Neil-Douglas-Klotz, Das Vater Unser)

Himmelsweg auf dem Walberla